奇譚

邪眼

川奈まり子

竹書房
怪談
文庫

目次

鯉

怪談作家を名乗る者、ことに実話にこだわる者は、私を含め、体験談を集めることに汲々《きゅうきゅう》とせざるを得ないものだ。

私は、月に一五人から二〇人あまりの怪異体験者さんを取材するが、これは、〆切を恐れる私の小心と、量で稼ぐしかない貧乏性及び才能の欠如の結果にすぎない。

ともあれ、取材した体験者さんは一〇〇〇人を超えた。

一人の体験者さんが一回のインタビューで何話も話してくださるときもあるから、今までに傾聴した話の数も相当なものだ。昨年の夏に雑誌の取材を受けるにあたって数えてみたところ約五〇〇〇話もあった。現在はさらに増えている。

数だけは、長年愛読している根岸鎮衛《ねぎしやすもり》の『耳嚢《みみぶくろ》』を超えたわけだが、これだけ集めると、玉石混淆《ぎょくせきこんこう》ぶりも『耳嚢』に似通ってきた。

本家には、怪談どころか奇譚と呼ぶのもはばかられる話も少なくない。『耳嚢』第一巻第一話からして、禅僧と商人の毛抜きと鼻毛を巡るダジャレ合戦なのだから。

そんな話は怪談集には載せられない。怪談としては、勘違いでは済まない怪異を伴い、奇妙かつ恐ろしい話が理想的であろう。

しかも実話縛りで……となると、これがなかなか出逢わない。

さらに、怪談慣れして恐怖に耐性ができている私でも、震えあがってしまうような話となると、本当に稀《まれ》だ。

――今回は、稀な例をご紹介したい。


私が思うに、釣りに凝《こ》る人は、最終的には水辺に近い所に住む傾向がある。

三三歳のその女性、織香《あやか》さんも、例外ではなかったようだ。

海に近く、近所に川も流れている、神奈川県某所に六年前から住んでいらっしゃる。

しかし、その前にいたところも釣り場までのアクセスが良かったそうだ。釣りに凝りだしたのは小学生の頃だそうだから、歳は若くても年季が入った釣り師である。

釣り竿やリールにはこだわりがあるが、住居については、駐車場と駐輪場があって、家賃が手頃で釣りに行きやすければ、後はどうでもいいという。

今の住まいも、賃料が破格に安い代わりに、古い汚い狭いの三拍子が揃っている。

釣り好きとして残念なのはベランダがないことだったが、幸いすぐに大家と仲良くなれたので、道具や長靴を庭に干させてもらえるから支障がない。

大家は七〇代半ばのおばあさん。入居から間もなく、千円ぐらいのお駄賃と引き換えに、庭の草むしりやお使いをお願いされるようになった。半日がかりでスマホの使い方を教えてあげたこともある。何を頼まれても毎度快く引き受けていたところ、なんとなく孫扱いされだして、たいがいのことは大目に見てもらえるまでになった。

アパートは、おばあさんの連れ合いが健在だった頃に、庭先に建てた二階建て。

一階に二室、二階に三室の、合計五室があって、織香さんは二階の真ん中の部屋、202号室を借りている。

一階の101号室には、おばあさんの弟が住んでいる。無口な老人でアパートの外には滅多に出ない。けれども、201号室のAさんとは親しくしていて、庭で立ち話する二人や、101号室に出入りするAさんをたまに見かけた。

Aさんはアパートができた頃からの、つまり昭和五〇年代からの住人だと聞いていた。五〇代の独身男性で、織香さんと一度だけ立ち話をしたことがあった。

入居から半年ほど経った、葉桜の頃だ。

名残《なごり》の花がぽそぽそ咲いた快晴の土曜日、明け方から自転車に乗って川釣りに行き、午後早くに帰ってくると、アパートの庭にAさんがいたのである。

「釣りですか?」と話しかけてきた彼も、彼女と同じく釣行《ちょうこう》帰りのいでたちだった。同好の士と出逢ったことが嬉しいようで、頬を緩ませている。

「僕も○○川から帰ってきたところです」

まさにその川で釣りをしてきたところだったから、彼女はちょっと驚いた。

「私も○○川に行ったんですよ。河口へ、シーバスを釣りに」

バスやシーバスはキャッチ&リリースするのが常識で、彼女も、今日釣った魚はみんな生きたまま川に放してきた。

対するにAさんは釣果《ちょうか》を持ち帰ったようで、クーラーボックスを重そうに提げている。

「僕は鯉《こい》釣りが好きで。車で川上の方へ……。いつもはリリースするんですけど、今回は小ぶりなのを一尾だけ捕ってきました。春の鯉は甘くて美味しいから」

彼女は、鯉の身は泥臭い気がして苦手だった。だから、つい「そうですか」と素っ気なく応えてしまったが、Aさんは彼女にうらやましがってほしかったのかもしれない。

その後は会話が弾まなかった。間もなく、それぞれの部屋へ引き揚げた。

やがて水曜日になった。明け方、救急車のサイレンの音が間近に迫ってきたせいで、目が覚めた。アパートの前で停車したようだと思っていたら、次いで、鉄の階段を踏み鳴らして二階へ上がってくる、大勢の足音に鼓膜《こまく》を掻《か》き乱された。

階段は、この部屋の真ん前だ。うるさくて、到底、寝ていられない。

ドアを開けて外のようすを見ると、救急隊員たちが隣のAさんの部屋へ入っていくところだった。すぐに大家のおばあさんや101号室の弟さんも階段を上ってきた。

おばあさんも驚いている。と、いうことは、Aさんは自分で救急車を呼んだのだ。

駐輪場で会ってから四日も経っているから、鯉にあたったわけでもあるまい。

間もなくストレッチャーに乗せられたAさんが部屋から運び出されてきた。

固く目を瞑《つむ》り、顔が土気色をしていた。酸素マスクで口もとを覆われているが、胸が上下しておらず、息をしているようには見えなかった。

その夜、彼女が仕事から帰って寝る支度をしていると、何かがコツコツと窓を叩いた。

ベッドの横にある、腰高のガラス窓。そこをコツコツと叩き続ける音がする。

風で揺すられた木の枝が、連続してガラスに当たっているかのようだ。

だが、そちら側には木など生えていなかったはず。また、Aさんがいた201号室の窓からも、反対側の203号室の窓からも、手の届く距離ではない。

もっとも、窓の下には路地があり、そこから小石を投げつけられないこともない。石にしては優しい音だが。そう。まるで礼儀正しくドアをノックしているみたいな……。

カーテンは閉まっている。コツコツ、コツコツ、音が続く。

たっぷり三分ほど、窓の前で織香さんは固まっていた。

音が止んでから、ようやくカーテンを開ける勇気が湧いた。思い切って開けてみた。

――ガラスに当たりそうな枝はおろか、何も見当たらず、窓を開けて周りを確認したところで、どこにも変わったところがなかった。下の路地にも、人っ子ひとりいない。

翌朝、大家のおばあさんから、Aさんは搬送中に臨終が確認されたと聞かされた。

「心不全ですって。五十路《いそじ》なんて、早すぎますよ。お気の毒に」

そう聞いた途端、昨夜の窓を叩く音が脳裏に蘇って、少し背筋が冷える思いがした。

ところが、その晩、帰宅すると、アパートの建物の前にAさんが立っていた。

死んだというのは、おばあさんの勘違いだったのだと思った。

しかし、ホッとしたのも束の間、Aさんのようすがおかしいことに気づいた。

棒立ちの姿勢で、ただ、上を向いて口を開閉しているのである。

左右の腕をぴったりと体の両脇につけて、両脚を閉じた、何か不自然な立ち姿だ。動かしているのは口だけ。左右の眼は大きく見開いている。だが、二階を見上げているようでありながら目の焦点が合っていないなさそうで、しかも瞬《まばた》きをしていない。ひたすら口をパクパクと開けたり閉じたりしている。

そして、口が開くたびに「ズーッ」という、ある種、電気的な振動音のようなものを咽《の》喉《ど》の奥から発しているようだとわかったが、あまりにも不気味で、とてもではないが彼に声を掛ける気になれなかった。

Aさんから目を逸らして小走りに階段を上り、部屋に飛び込み、ドアに鍵を掛けた。

その夜もまた、窓がコツコツと鳴らされた。昨日と同じで、三分ほどで鳴り止んだ。

——呆れたことに、朝になっても、Aさんは同じ場所に立っていた。

彼女は、出掛けようとして玄関から廊下に出てみたものの、寸分違わぬ姿勢で口を開け閉めしている彼を階下に見つけて、思わず動きを止めた。

と、そのとき、101号室から大家の弟さんが外へ出てきた。

沈痛な面持ち。喪服のスーツを着ている。葬式にでも行くかのようだが、亡くなったと思われたAさんは、彼のほとんど真正面に突っ立っている。

Ａさんはパクパクを止めない。

織香さんは、Ａさんが大家の弟さんにどんな反応を示すのか、そして、弟さんの方はどうするのか、固唾《かたず》を呑んで行方を見守った。

すると、弟さんは真っ直ぐにＡさんの方へ歩いていって、たちまち、その体を突き抜けたではないか……。

あまりのことに頭が真っ白になってしまったが、友人が体を通り抜けて歩み去ってもＡさんはパクパクしているだけだった。

Ａさんの方を見ないようにしながら、急いで彼女は階段を駆けおりた。

数メートル先の駐輪場まで、そのまま走った。自分の自転車にまたがりながら恐るおそる振り向いてみて、そのとき初めてＡさんの足もとに目を留めた。

影が地面に落ちていない。朝陽に包まれたＡさんの全身は、妙にのっぺりと明るかった。

それから一年が過ぎて、再び春が来た。

織香さんは同じアパートに住んでいた。Ａさんも、まだ変わりなく突っ立っている。

変化といえば、夜に限らず、日中にも、突然窓をノックされるようになったことぐらい。

もちろん、一時は引っ越しを検討した。

けれども、長年の住人だったAさん亡き後、大家のおばあさんには、ますます頼りにされるようになった。また、釣行にうってつけの立地と安い家賃の魅力にも抗《あらが》いがたく……。

人間は、たいがいのことには慣れてしまえる。数週間で平気になった。

そろそろAさんの一周忌という、ある日のこと。

朝、若い男女の声が廊下から聞こえてきた。他に男女で同居している住人がないことから、２０３号室の夫婦だと、すぐにわかった。

玄関から出てきて、会話しながら廊下を歩いてくる。

「うちの社長がさぁ、錦鯉を飼いはじめて、近頃は何かというと鯉の話ばかりするんだ」

「へえ。錦鯉って、すごく高いんでしょう?」

「そうらしいね。鯉なんか買う金があったら給料を上げてくれよって言いたいよ」

話の内容は他愛ないが、鯉というのが気になった。

一年前のこの頃、Aさんも鯉を釣ったと言っていたではないか……。

そういえば、幽霊になってからのAさんのようすは、鯉に似ている。

足をくっつけて立ち、両腕を体の横に沿わせた格好が紡錘形《ぼうすいけい》をした魚体を表現しているようだし、なんといっても顔を上に向けて口を開けたり閉じたりしているところが。

——鯉にそっくり。

その日は日曜で、織香さんも203号室の若い夫婦も仕事が休みだった。

夫婦は、棒立ちで口を開閉しているAさんの横を通りすぎていき、正午頃に再び彼の脇を歩いて帰ってきた。そして夕方になると、またおしゃべりしながら出掛けていった。

「お腹ペコペコ。どこで買う？　スーパー？　コンビニ？」

「コンビニ。近いし。弁当と、酒とツマミになりそうなもんを、サッと買ってこよう」

「そうだね。帰ったらゲームの続きする？」

「うん。今日中にクリアできそうじゃん……」

子どものように夢中でゲームに興じている姿が、目に浮かんだ。

ほどなく戻ってくるものと思われた。最寄りのコンビニは、アパートの二軒隣だ。

なのに、なかなか帰ってこない。夫婦が出掛けてから三〇分ぐらいして、救急車のサイレンが遠く聞こえてきたが、すぐに静かになった。

おかしいな、と思っているうちに夜が来て、明くる日——月曜から金曜までは、いつになく忙しく、あっという間に一週間が過ぎた。

土曜は朝寝坊を決め込んだ。いつまででもベッドでゴロゴロしていたかったが、正午頃に、大家のおばあさんから電話で呼び出された。

「パソコンで少し教えてほしいことがあるの。ついでにお昼を一緒に食べない？」

着替えて出向いていくと、すでに食事の用意が整っていて、パソコン云々《うんぬん》は口実だと察せられた。おばあさんは待ちかねたようすで、彼女に座るように促した。

「来てくれてよかった。誰かと話したかったのよ、２０３号室の若い人たちのこと」

そう言われて、織香さんは反射的に「ご夫婦、亡くなったんですよね？」と応えた。

「どうして知っているの？」と、おばあさんは意外そうに、目を丸くした。

しかし、本当のことを言うわけにはいかない。

まさか、「Ａさんの横に２０３号室の二人も並んで、三人揃ってアパートの前で口をパクつかせるようになったから、彼らの死を悟ったのです」なんて言えやしない。

事実はその通りなのだが、気が変になったとおばあさんに思われてしまうだろう。

――すぐに帰ると言っていた夫婦は、結局、戻ってこなかった。翌日は月曜日で、出勤するために朝、部屋から出たら、Ａさんの隣にあの二人が立っていたのだ。

二人はAさんと寸分違わぬ姿勢で、同じく口を開閉させており、咽喉から発している音も同じだった。だから、たぶん亡くなったのだと思っていたのである。

おばあさんは、急に寒気を覚えたように、両手で二の腕を擦《さす》りながら彼女に話した。

「すぐそこのコンビニの店内でね、どういうわけか二人揃って意識を失ったんだって」

「二人同時にですか？」

「そう。それで、コンビニの店長さんが救急車を呼んだんだけど、病院に運び込まれる前に亡くなっていたそうよ」

「えっ？　二人とも？」

「そうなの！　薬物中毒か毒殺かって思うじゃない？　実際、私のところにも警察が事情聴取に来たんだから……。あなたは、ここ最近、夜中まで留守にしていたから知らなかったでしょうけど、２０３号室の室内も警察に調べられたのよ！　でもね、検死の結果、心臓発作で亡くなったことがわかったって、三日前に警察から連絡を貰って……。早く誰かとこの話をしたかったのに、弟は相手にならないし、ご近所のお友だちに話せることでもないでしょう？」

「私なんかでよければ……。それにしても奇妙ですね。あのご夫婦、若かったのに」

「奥さんも旦那さんも、まだハタチそこそこだったんですよ。本当に不思議よねぇ」

それから二、三年あまり、織香さんなりに平穏な日々が続いた。

Aさんと若い夫婦は、三人で横に並んでアパートの前でパクパクしつづけ、路地側の窓ガラスはしょっちゅうコツコツとノックされていた。

しかし、それ以上の特筆すべき変化は、何も見られなかったのだ。

だが、やがて、102号室のBさんが亡くなった。

それは今から三年前。

――四月下旬のある日、織香さんが出勤しようと外に出たら、Bさんの部屋の前が騒がしかった。

作業服の男たちが何人も部屋を出入りして、次々に荷物を運びだしている。そのドアの横で、大家のおばあさんと、六〇年輩の男が、低い声で話し込んでいた。

おばあさんが彼女の姿を認めて、声を掛けてきた。

「あっ、今ご出勤？　ちょっと聞いて。あのね、Bさんが昨日、お亡くなりになったの」

工事作業中の突発的な事故に巻き込まれて即死したというのだった。

Bさんは、容貌から推して東南アジアのどこかの出身だが、日本に移住して長かった。ここ一〇年ばかりは建設現場の作業員として真面目に働いており、数年前からは地元の建設会社と社員契約していた。大家のおばあさんによれば模範的な店子《たなこ》で、誰に対しても愛想が良く、他の住人とのトラブルも一切なかった。

「うちのやつが、お世話になりました」と年長の男が彼女に頭を下げ、目もとを両手でゴシゴシと拭った。白目が赤い。泣いていたのだ。Bさんは職場で好かれていたようだ。

「いいえ。私は何も……。Bさんは、会えば必ず笑顔で挨拶をしてくださいました」

彼女は、パクパクしているBさんの方を見ないように努力しながら、そう応えた。

——Aさん、203号室の夫、203号室の妻、Bさんの順で、四人並んで口を開閉していた。

どの足もとにも影がなく、全員が「ズーッ」と謎の音を咽喉から発していた。

次の土曜日は、おばあさんに呼ばれて、Bさんの想い出話につきあった。

「部屋をお貸しするのも、初めはおっかなびっくりだったんですよ。でも、Bさんのお蔭で、外国の方への偏見が解けました。お家賃も溜めたことがないし、愛想も良くて、ゴミ出しや何かも規則に従ってくれて……。それは少しは普通じゃないところもあったけど。たとえば、公園の鯉を捕ってきて食べちゃったり……」

「公園の？」と織香さんは聞き返した。

もしや、また鯉が関わっているのか。胸の底が薄気味悪くざわめいた。

でも、この辺りに鯉がいるような公園があったかしら、と思っていたら――。

「ええ。そら、○○緑道ってご存知でしょ？　あそこの鯉を網ですくってきたんですよ」
○○緑道なら、彼女も知っていた。アパートからは徒歩圏内だ。神奈川県の下水処理場が下水を特殊な技術で高度に浄化、綺麗な水にして流し、鯉などを泳がせている小川がある。人工物だが、近年は白鷺《しらさぎ》や鴨《かも》などの野鳥が棲むようにもなった。
しかし昔は悪臭を放つ下水道だった。さらに大昔には「血の川」と呼ばれる天然の川で、戦国時代以来の忌《い》み地になっていたと聞く。一四世紀の鶴見《つるみ》合戦では大量の戦死者が出た。おびただしい鮮血で川の水が真っ赤に染まったことから、そんな異名がついたとか。

おまけに、血の川の周辺には、合戦の死者を葬《ほうむ》った塚が幾つも点在していたという。

「あんなところの魚を、Bさん、捕ってきちゃったんですか？」

「そうなの！　一抱えもある大きな鯉を網に入れて帰ってきたから、私が見咎めたんですよ。そうしたら○○緑道で捕ったと言って、悪びれもせずに『なぜ、みんなは捕まえに行かないのかわからない』って。捌《さば》いて食べるんだって、嬉しそうに……。つい最近よ」

その頃には、もう、201号室と203号室には、新しい住人が入っていた。

Bさんがいた102号室にも、すぐに借り手がついた。

古い住人で生きている者は、もう、101号室の大家の弟と、織香さんだけだ。

あとはみんなパクパクの列に加わってしまった。

どうやら彼ら四人の姿は、織香さんにしか見えないらしい。


その翌年、つまり二年前の一月、織香さんは川で鯉を釣り上げた。

水面に上がってきた鯉の顔を見た途端、「あ」と声が出て動悸《どうき》がしはじめた。

慌てて釣り針を外して水に放したが、動悸がおさまらない。

鯉を釣るつもりではなかった。運悪く針に掛かってしまった。不可抗力だ。

この数年、捕まえるのは無論のこと、鯉という言葉を口にすることすら避けてきた。

203号室の夫婦は、鯉を話題に上らせただけで亡くなったではないか……。

怯えながら帰宅して、不安のうちに一週間を過ごしたが、意外と何事もなく週末を迎えた。もう平気だろうと思った。その途端、気分転換に釣行したくなった。

しかし川は、再び鯉を釣ってしまう恐れがある。

そのため今度は、海辺の公園《みなとみらい》へ車で向かった。

公園の駐車場に車を停めて、未明のうちから釣り場で糸を垂れた。

そこは、ゆるやかにカーブした護岸で、転落防止の柵が設けられている。

ルアーと投げ釣りは禁止されているが、この辺りでは人気の釣りスポットだ。今ならカサゴやメバルといった根魚《ねぎょ》が狙い目だ。釣り好きは同じことを考えるもので、日の出前の真っ暗な時間帯でも先客が一人いた。目が合ったので軽く会釈して、準備に取り掛かった。

折り畳み椅子を出して腰かけると、柵の上辺は、ちょうど胸ぐらいの高さ。柵に邪魔されることなく視界も開けて良い塩梅《あんばい》だ。さっそく釣竿を柵の上から突き出して……。

次の瞬間、何が何やらわからないうちに、体が柵を突き抜けて宙に浮き、護岸の外へ落下した。息をする間もなく頭まで水に没した。

真冬の海だ。冷たいというより、痛い。顔や手首に、無数の針で刺されたかのような刺激を感じた。

なんとか海面に顔を出すと、さっき会釈を交わした釣り人が「大丈夫かぁ！」と叫んだ。

だが、海水に噎《む》せて答えることもできず、ただ夢中で立ち泳ぎをしていたら、クーラーボックスが飛んできて頭に当たった。釣り人が投げてよこしたのだ。

「それを浮きにして、こっちに来い！　頑張れ！」と怒鳴《どな》っている。

必死でクーラーボックスにしがみつくと、織香さんはバタ足で岸に向かった。

ともあれ、こうして彼女は助かった。

それからも、彼女は鯉の禁忌《きんき》を守りつづけた。

けれども、去年の五月、はからずも再び破られてしまったという。

知人と二人で東京都内のある池で釣りをしていたところ、この知人が鯉を釣ってリリースしたのである。釣りあげたとき「鯉だ」と知人が呟いた。それで、うっかり振り向くと、運悪く、当の鯉と目と目が合った……ような気がした。

まずいことになったと胸騒ぎを覚えていたら、数日後に、近所で交通事故に遭った。

歩道を歩いているときに、居眠り運転で暴走してきた自動車にはねられたのだ。

不幸中の幸いで骨折や内臓の損傷こそ免れたが、打撲による内出血が広範囲に及んだため、二週間も入院する羽目になった。

入院中は、釣り好きなAさん、若い夫婦、外国人のBさんが夢に出てきた。

夢の中でも四人はアパートの前に並んで立ち、二階の廊下にいる彼女の方を見上げて口をパクパクさせていた。

みんな揃って、両腕を体にぴったりと沿わせ、左右の脚をくっつけて、魚のような紡錘形に近くなった姿勢でそうしているさまは、餌をねだる鯉たちそのものだった。

事故から半年ぐらい、釣りを休んだ。

一時は趣味を変えようかとも考えたが、仲間の誘いを断り切れずに釣行を再開すると、やはり面白くてたまらず、すっかり元の木阿弥となった。

インタビューで、彼女は「懲りない性分なんですよねぇ」と自嘲されていた。

「もちろんアレに出くわさないように気をつけてはいるのですが……」

彼女によれば、この春にも一回、鯉に遭ってしまった。

汽水域に近いテトラポッドでシーバス釣りをしていたところ、海底の暗がりから、鈍く光る魚体が浮かびあがってきた。鉄色の鱗《うろこ》に覆われた腹がはちきれそうに太い。大きな頭を水面からもたげて彼女の方を向くと、鯉だった。

海まで追いかけてきたのだと思った。

クパッと大きく口を開けると、咽喉の奥まで見えた。

頭の奥で、例の四人が発する「ズーッ」という音が鳴りはじめて、悲鳴をあげた。

その直後に、テトラポッドから転がり落ちてしまったそうだ。

このときは怪我もなく、無事だったというが、これで終わるのだろうか?

私にまで累《るい》が及びそうな兆しもある。

彼女をインタビューした直後に、失くしたと思っていた龍魚《りゅうぎょ》の帯留が、箪笥《たんす》から着物を出した拍子にポロッと転がり出てきた。

龍魚とは、黄河《こうが》にある激流の難所「竜門」を登り切った鯉が龍に変じるという中国の故事にちなんだ鯉の異名だ。

それゆえ、鯉の滝登りを象《かたど》ったものは、立身出世の縁起物として貴ばれる。

せっかく見つけた縁起物なのに、不吉に思われて仕方がない。

——帯留の鯉も、虚《うつ》ろな口を開いている。

とある理髪店

木林《きばやし》さんは、数年前から川越《かわごえ》のマンション団地に住んでいる。団地の敷地内に二階建ての店舗棟があり、そこで日常の用なら事足りるので、たいへん便利だ。

店舗棟には、スーパーマーケット、保育園、クリーニング店、蕎麦屋、薬局、理髪店などが揃っている。彼がよく利用するのはスーパーと蕎麦屋。理髪店にも月に一度は行く。

理髪店は、七〇歳ぐらいの恰幅《かっぷく》がいい店主が一人でやっている。

出入り口のガラス扉のそばに順番待ちのソファと漫画本を並べた本棚があり、入って左側の壁に横に長い鏡が張りつけられていて、鏡と向き合うように散髪台が三つ並んでいる。

彼が前回行ったときには、平日の午後一時過ぎで空いているだろうと思ったら、真ん中の席に先客がいた。もっとも、もう終わるところで、五分も経たずに会計を済ませて店から出ていった。店主に「こちらへ」と、出入り口にいちばん近い台に座らされた。

扉のガラス越しに、外から丸見えになる位置である。店の奥の方が落ち着くのに……と少し残念だったが、そっちには小学校低学年ぐらいの子どもたちがいるので仕方なかった。

全部で四人。女の子ばかりだ。土足のまま散髪台に目まぐるしく上ったり下りたり、いっときもじっとしておらず、まるで獣の仔のようにお行儀が悪い。

また、全員が示し合わせたように丈の短いスカートを穿《は》いて、脚を剥《む》き出しにしている。

小学校の同級生があんな格好をしていた、と、六〇代の彼は懐かしく思った。昨今は、防犯のためでもあろう、幼い女の子でもスパッツやズボンを穿いているものだが……。

子どもたちがそこにいるのに、ずっと無視しているのも変な気がして、彼は店主に「お孫さんですか？」と訊ねてみた。

「おや、気がつきましたか？　孫じゃありません。ご近所の子」

「へえ」

「……と思うけど、実は私もどこの子たちだか知らないんですよ。たまに勝手に来るんです。あの子たちが気になりますか？」

「いえ、まあ、別に……。開校記念日かな？　平日だし、下校時間には早いですよね」

「……ところで、この団地に来て何年ぐらいですか？」

「五年は経ったかな。いや、もう六年になるかな？」

「じゃあ、そろそろ自殺の噂も耳に届いていらっしゃる？」

木林さんは「ああ、飛び降り自殺が三回もあったとか……」と応えた。

この団地では、過去に三回、飛び降り自殺が発生していて、うち一回は保育園の真ん前に墜落した。血や脳漿《のうしょう》が保育園の門扉や塀に飛び散り、阿鼻叫喚《あびきょうかん》の大騒ぎになったという。

「でも、どれも僕が引っ越してくる前でしたから、不動産屋で聞いたり、蕎麦屋で知り合った人が話してくれたりしただけです。本当に噂だけで、詳しいことは何も……」

「じゃあ、そのせいもあって、出るって噂は？」

「出る？　まさか幽霊が、ですか？」

「ええ。だから、うちは助手が寄りつかなくなったんです。二階にも、霊道があって」

「レイドウ？　それより、二階があるんですか？　今まで全然気がつかなかったなぁ」

「ありますよ」と、店主は顎をしゃくって、店の奥の方を指し示した。

女の子たちが遊んでいる散髪台の奥にドアがある。四人が一斉にこっちを向いたので、木林さんは慌てて目をそらした。

「向こう側はバックヤードだろうと思っていましたが、階段なんですね？」

「ええ。二階は畳敷きの和室で、初めのうちは、成人式やお正月、七五三のときに着物の着付けもしていたんですよ。でも、あるとき、成人式の前日に泊まったら、大勢の幽霊たちが壁から出てきて、反対側の壁まで、部屋を横切っていったんです。それ以来、二階には絶対に泊まらないし、滅多なことでは上に行かなくなりました。……怖いから」

木林さんは鏡越しに店主と向き合った。冗談かと思ったが、その割には真顔で、嘘を吐《つ》いているふうでもない。うなじの毛がチリチリと逆立つのを覚えた。

そのとき、奥の散髪台の女の子たちが口々に叫びだした。

「バーカ！　バーカ！　クソジジイ！　アホンダラ！　オマエナンカシンジマエ！」

驚くべき口の悪さに唖然としていたところ、店主が突然キレだして、小さな子ども相手にはどうかと思うような凄まじい剣幕で、「うるさいぞ！」とそっちに怒鳴り返した。

両腕を振り回し、口角から泡を飛ばして「出て行け！」と命令する。

途端に、女の子たちはケタケタ笑いながら、木林さんの後ろを走り抜けていった。

だが、その姿が少しも鏡に映らない。

おまけに、ガラス扉は微動だにしなかったのに、彼女らはいつの間にか外に出ていて、ガラスを透かして見える人数も、一瞬で二人に減っていた。

それらが悪態をつきながら扉の前から立ち去ると、店主が「どこの子たちなのかな？　困ったものです」とつぶやいた。人間の子どもではなさそう、と木林さんは思ったとか。

おさな友だち

優希《ゆき》さんの最初の記憶は、草の上に小さな雲が載《の》っている景色だという。最初に目についたそれは、大きさはゴム風船ほど。場所は、初夏の緑の草むら。ツンツンした葉先に、半ば浮いて載っていた。

三歳になるやならずの頃だったので、お空の雲に似ていると思った。大人になった今なら、春霞や煙草の煙にも喩《たと》えられただろうか。

よくよく周りを見渡してみれば、雲は、いくつも転がっていた。

雨雲のように色が黒っぽいのと晴れた日の入道雲を想わせる真っ白なのがあり、大きさも一律ではないことに気がついた。

幼児である自分と同じぐらいのサイズのものもあれば、猫より小さいのもあった。

どれもこれも、風もないのにフワフワと揺れている。

見るからに柔らかそうだった。心地よい感触を求めて、手で触ろうとした。ところが触れない。手が突き抜けてしまい、なんの感触も残らない。

いくら試しても同じことだったが、確かに存在する物質として目には映った。見えるだけ。匂いも感じられない。

——彼女は、そういうものが、そこらじゅうに落ちている世界で育った。

四歳のときに弟が生まれて四人家族になった。それからしばらくして団地に引っ越した。公営の集合住宅が寄り集まり、広い敷地の中に幾つかの遊具を備えた公園が設けられていた。九〇年代半ばのことだ。

小学校に上がると、放課後は団地の公園へ行くのが日課になった。公園に、遊び仲間がいたのである。同年代の男の子だけれど、彼は小学校には来たことがなかった——まあ、来られないのだろうと、成長して少し賢くなった彼女には察しがついていた。

黒い羊のような雲に似ていて、たまに背丈が伸び縮みする、彼はそんな子だったので。

顔のイメージはない、というか、顔を持たない存在だが、六、七歳の男児特有の雰囲気をまとっていた。声も発しないけれど、思考や情緒が絶えず伝わってきたので、意思の疎通に不自由はなかった。

他に親しい友だちがいなかったから、その子とばかり遊んでいた。

小学校が夏休みに入っても、日中、公園へ行けば、その子が待っていてくれた。

七月か八月のある日、蝉《せみ》しぐれが降りしきる公園で、優希さんは危うく滑り台のてっぺんから地面に落ちそうになった。あれから三〇年近く経った今ではディティールを忘れてしまったが、たとえば滑り台の頂上の手すりに後ろ向きに座ってみる、といった無謀なことをしでかしたのである。

お尻の両側で手すりを握っていた左右の掌《てのひら》が、汗で滑った。握り直そうとした途端に、上半身が手すりを支点に後方へ回転しはじめ、焦って前に両手を伸ばした。

真っ逆さまに転落するところだった……が、いつものあの子がそばにいてくれた。

そのときの彼は、七歳児サイズのモクモクした黒雲で、咄嗟《とっさ》に彼女の腕を引っ張ってくれたのだった。両手で彼女の手首をしっかりと握って、力強く引き寄せたのである。

お蔭で無事だった。滑り台のてっぺんの踊り場で、彼女は彼に言った。

「ありがとう。落ちそうになって、びっくりした。力持ちだねぇ！」

すると、その子の考えがすぐに返信されてきた。

――助けられてよかったよ。君は僕にとって特別だから。

「トクベツ？　どうして？」

――君が生まれたから、僕は産んでもらえなかった。でも、僕の代わりにすくすく育ってくれているから、君は特別だし、大切なんだ。僕はいつも君のことを心配しているよ。

「心配だったら、うちに来る?」

優希さんがそう言うと、黒い雲が嬉しそうにうなずいた……ような気がした。

その日、彼は初めて彼女の家の玄関までついてきた。しかし、上がり框《かまち》から先に入ってこようとしない。モヤモヤと玄関の三和土《たたき》の上に漂っているだけで。

間もなく、夕食の時間になった。週末を除き、父はいつも帰りが遅く、夕飯は母と弟と彼女の三人で食べる習慣だ。

食卓を置いたリビングルームのドアを開けていたので、彼女の席から玄関の友人が見えた。伸びあがってこちらを眺めているようだった。

「ねえ、ママ。あの子にもご飯をあげてくれる?」

「あの子って?」

「玄関にいるお友だち。今日、滑り台から落ちそうになったの! でも、あの子が腕をギュッて引っ張ってくれたから大丈夫だった。優希のことが大切で、心配って言うからね……」

「ストップストップ! 優希ちゃん、ちょっと待って。……滑り台って、公園の? 滑り台の上から落ちかけたけど、誰かに助けてもらったから落ちなかった。そういうこと？」

「うん！　それでね、そのお友だちを連れてきたの。良い子だよ！　優希が生まれたせいで、あの子は産んでもらえなかったんだって。優希はトクベツなの？」

そのとき、どういうわけか急に母の顔から血の気が失せてしまったので、彼女は驚いた。

「ママ、どうしたの？　大丈夫？」

母は唇を震わせながら、優希さんの顔と玄関の方を交互に見た。そして椅子を鳴らして立ちあがると、リビングルームのドアを閉めて戻ってきた。

「……このお話は、もうおしまい。お友だちは帰ったから、ご飯はあげなくても平気よ」

滑り台の一件から何日かして、優希さんは母と二人で「エンザン」という場所にある有名なお寺に行くことになった。

エンザンには古くから母方の親戚が多く住んでいて、彼らが信奉する尼さんがゴキトウをして、優希さんを良くするおまじないを掛けてくれるというのである。

弟を親戚の家に預けて、母と件《くだん》のお寺を訪ねると、優しそうなおばさんが迎えてくれた。

「よく来たね。こっちへいらっしゃい。御祈祷《ごきとう》いたしますから」

畳敷きの本堂へ通されて、長いお経を聴いた。これで終わりかと思ってホッとしていたら、「おまじないを教えてあげる。練習してみましょう」と、おばさんに言われた。

「薬指を曲げて、爪の辺りを親指で押さえてみて……次に薬指をパッと伸ばしてごらん」

やってみると薬指と親指の爪の先が当たってパチンと鳴った。

「上手、上手！　両手で同時に三回やってください。破魔矢と同じ効き目がありますよ」

書き手として正直に告白しておくが、この魔除けの方法についてはしっかりした裏づけが取れていない。禅宗や密教の流れを汲む真言宗をはじめ、仏教の各宗派で行う「弾指《だんし》」に似ているが、正式な弾指は、このとき優希さんが尼僧から習ったのとは型が異なる。

しかしながら三度の弾指で不浄を祓《はら》えるとする宗派は多い。また、真言宗の葬儀では、最後に故人を浄土へ送る祈願として弾指を三回行って儀式を終える。

こうしたことから、優希さんが教わったまじないは、魔物や悪霊、悪縁といった不浄を祓う、まさに破魔矢と同じ効果をもたらすものだったと推理できる。

ちなみにエンザンは山梨県旧塩山市（現甲州《こうしゅう》市北部エリア）に相違なく、同地域には御祈祷を能くする古刹が点在している。ただし優希さんは寺院の名称を憶えていないそうなので、これ以上、推察を述べるのは止めておく。ほとんど特定できてしまうにせよ。

エンザンのお寺でおまじないを授けられてから、優希さんは小さな雲のような存在が見えなくなった。公園の黒い雲——滑り台で助けてくれた男の子——も消えた。

そのうち、年を重ねるにつれて、ああいうものは見えないのがあたりまえであると理解できてきた。幼い頃の日常が不思議なものであったとわかったが、ただ、あの男の子とは、いつか再会できるような気がしていた。

小四のとき父が病気で急死して、暮らし向きが一変した。母に負担をかけまいとして、いつの間にか、生活に必要で常識的なこと以外、家で話さなくなった。

しかし、成人して保育士として自活するようになり、幼い子どもたちと過ごす時間が長くなると、あの男の子のことや、その直後の夕食のときのこと、御祈祷やおまじないについて、母に確かめたくなってきた。

次第に、その気持ちが強くなり、生涯連れ添いたいと思う相手ができると、我慢できないほどに高まった。そこで、結婚が目前に迫ったあるとき、母と二人きりになった機会を捉えて、「小一の夏休みに塩山のお寺に私を連れていったときのことを憶えてる？」と思い切って訊ねてみた。

母は息を呑んで、しばし沈黙した。

大人になった優希さんには、あの子の正体や、母が衝撃を受けた理由が推測できていた。それだけに、急《せ》かすことなく、母の答えを静かに待った。

やがて、母はおもむろに口を開いた。

「パパと結婚して、子どもを持とうと思ったときに、占い師さんに家族運を鑑定してもらったの。すると、まず娘が生まれて、その後、息子が二人できると言われて、実際に最初の子どもが優希ちゃん、あなただった。……でも、あなたを産んですぐにまた、お腹に赤ちゃんが……一年後だったら、なんの問題もなかったと思うのに……」

「私を産んでから、ママの体力が充分に回復する前に、妊娠してしまったのね？」

「ええ。初めての子育てで大変で……しかもあなたは早産で、病弱だった。だから……堕《お》ろしてしまったの。これは、パパとママしか知らないことだから、あなたが『私のせいで産んでもらえなかったんだって』と言ったときは、息が止まるほど驚いたのよ。幽霊なんて信じたことがなかったけど……いるのね、きっと」

優希さんの犠牲になった水子の霊が存在するのだと思うと、不安でたまらなくなったのだという。

「そこで、お寺で祈祷を受けさせることにしたの。それまでは、あなたには私たちには見えない何かが見えていたのよね？　御祈祷してもらって、指のおまじないを習ってから、見えなくなったんでしょう？　本当に、それで良かったのかしら……」

「これでいいんだよ」と優希さんは答えた。

そのとき、今後もしも自分に子どもができるとしたら、一人目は男の子に違いないと直感した。

事実、結婚から間もなく妊娠し、出生前診断で胎児の性別を判定してもらったところ、男児であることがわかった。

妊娠後期に入ってからも、保育士の仕事を続けていた。

当時、受け持っていた三歳児のクラスに、幼い頃の自分を彷彿《ほうふつ》とさせる勘の鋭い子がいて、ある日の午後、その子が急に小さな手をお腹に当ててきて、こう言った。

「赤ちゃんが苦しいって言ってるよ」

なんら異常を自覚していなかったが、念のため、その日のうちに診察を受けたところ、切迫流産の徴候があると言われた。大事を取って休職し、その甲斐あってか、無事に元気な赤ん坊が生まれた。

それから一〇年。現在は二児の母だ。

親指で薬指を弾くおまじないは、いつの間にか癖になっており、嫌なことがあったり、夜道を歩くときなど、なんとなく怖いと感じたりしたら、自然とやっている。効果のほどはわからないが、三回パチッと指を弾くだけで安心するのだという。

結局、黒い雲のようだったあの男の子には二度と会えずじまいなのか、それとも……と、私が訊ねると、彼女は力強くこう答えた。

「長男も次男も、あの子の生まれかわりではありません。でも、あの男の子は息子たちの生命力の源になったのだと信じています。あの子は、うちの家族にとっては、守護霊のようなポジティブな存在だと私は感じています」

水子の霊も、いろいろだ。

三兄弟

優希さんの父は、三人兄弟の次男坊として甲州地方の農家に生まれた。

一家は古くから果樹栽培などを営み、広い土地を有していた。そこは大昔から地元では忌み地だと陰口を叩かれてきた——甲州合戦にちなんだ、悪い噂があったのだ。

けれども、彼ら自身は、そんなものは根も葉もない噂だと信じてきた。

なぜなら、長い間、暮らし向きがたいへん良かったので。

少なくとも、三兄弟が子どもの頃は、何もかもが順風満帆であった。

しかし、優希さんの父の弟、つまり三男が自殺して、明るい日々に終止符が打たれた。

折しも三兄弟の母親（優希さんの祖母）の誕生日だった。わざわざその日を選んで、彼は自宅で首を吊ったのだ。もしかすると、母への当てつけだったのかもしれない、と、遺された家族は暗い想像を膨らました。

だが、直前まで死の兆候はなく、遺書も発見されなかった。

弟の死後、長男である伯父は「自分には霊感がある」と言うようになった。それに加えて四〇近くなっても独り身でいたせいで、周囲からは変わり者だと思われていた。

都会ならともかく、ここは田舎で、おまけに彼は農家の跡取り息子。今から四〇年以上前のことで、時代も違う。村の常識では「早く嫁を」と期待される立場だった。

資産があり、外見や性格には——霊感を除けば——難がなかったので、いぶかしく思う者が多かった。

五体満足な総領息子なのに、なぜ、というわけだ。

一方、優希さんの父は順当に、三〇手前で結婚した。

彼は、ゆくゆくは実家の隣に家を建てて、そこで末永く妻子と暮らそうと考えていた。

自分と妻の肩身が狭くならないように新築費用は自力で貯めるが、土地については両親と兄に分けてもらうつもりで……。そういうわけで、いずれ村に帰ろうと思っていたので、結婚してからも、ちょくちょく田舎に帰って顔つなぎを欠かさなかった。

その日も、父は母を伴い、二人で住んでいたアパートから、車で実家に向かっていた。

午前中のうちに出発して、途中までは何事もなかった。ところが、あと少しで到着するというときに、突然、弾丸のようなものが飛んできてフロントガラスを粉々に砕いたかと思ったら、助手席に座っていた母の耳もとをビュンとかすめて、リアシートにめり込んだ。

父は慌てて急ブレーキを踏み、母は悲鳴をあげた。タイヤが軋み、後続車が激しくクラクションを鳴らした。

震える手でハンドルを切って、車を路肩に寄せた。そばに電話ボックスが立っていた。まだスマホの時代ではない。「怪我は？」と父は母を振り向いて訊ねた。

彼女は蒼ざめた顔で首を横に振った。

「あなたは？」

「僕も……大丈夫だ。いったい何が起きたんだ？」

後ろを振り向くと、シートの上に小石が転がっていた。ここは国道で、対向車線をしきりに大型トラックが走っていた。トラックのタイヤが小石を跳ね上げたのだろうか。

父は、砕けたガラスの粒を払い落としながら電話ボックスへ行き、警察と実家に、順番に電話を掛けた。実家には、事故のせいで行けなくなったと告げるつもりだった。

実家に掛けると、伯父がワンコール目で電話を取った。そして、電話機の前で待ち構えていたかのように、息せき切って「まだ大丈夫か？」と質問した。

さらに、父が口を開く前に、「ここに来る途中で、きっと何か危ないことが起きるよ」と告げた。

父は、そんな伯父に少し気圧《けお》されながら「危ないこと？」と訊き返した。

「ついさっき飛び石でフロントガラスが割れたのは、確かに危なかったけど……」

「ああ、それだ。どうやら二人とも無事みたいだね。もっと早く予感できなくて、ごめんね」

——伯父は、予感というより予知や千里眼と呼ぶべき能力を持っていたようだった。


父と母の結婚から一年後に優希さんが、それから四年後に彼女の弟が生まれた。

両親は、約一〇年がかりで家を建てる資金を貯めた。

父は三九歳になっていた。その年の春頃から何度も両親や伯父と話し合い、優希さんと弟の夏休みが終わる頃には、相当に計画が具体性を帯びてきていた。

祖父から土地の一部の生前贈与を受け、伯父が薦める工務店にも渡りをつけて、年内には着工する見込みも立った。

何もかもうまく行っていた。

不吉なことと言えば、九月に入って間もなく、伯父が何気なく、いつも居間に飾られていた優希さんの父の写真を見たところ、父の隣に、昔、自殺した弟の姿が浮きあがっていたことぐらい。それは、父が独身時代に富士山に登ったときに撮ったものだった。額に入れられて祖父母と伯父の家の居間にあるのを、優希さんも何度も見た覚えがあった。

伯父から電話で報告を受けた父は、母に、「昨夜、兄が何気なくあの写真を見てみたら、亡くなった弟が高校の制服を着て、登山服の僕の横に立っていたそうだ」と話した。

それを聞いて、母は、なんとなく嫌な気持ちになったそうだ。というのも、その朝、優希さんから「田舎の伯父さんたちの家を大きな蛇が這いまわる夢を見た」と聞かされたばかりだったからだ。丸太のように胴体の太い巨大な蛇が、玄関から入ってきて家の中をまんべんなく這う不気味な夢に怯えて飛び起きたら、午前一時頃だったとか……。

そのとき母は、娘が悪夢を見たのと同じ時刻に、義兄が写真の異変に気づいたのではないかと直感したという。

それから一週間後、父は一人で実家へ行き、帰宅する前夜に伯父と酒を酌み交わした。

——翌朝、伯父が起こしに行ったときには、父は蒲団の中ですでに冷たくなっていた。

検死では、眠っているうちに心臓発作を起こしたとされたが、父は、心臓を含めて全身どこも悪くない健康体だったのだ。

優希さんは、父の葬儀の後で、母から伯父が見た写真の怪について聞かされると、自分が生まれるずっと前に若くして死んだ父の弟が、父の魂を取りにきたような話だと思った。

それにまた、自分が見た大蛇の夢や、あの家が忌み地に在ることも、父の寿命に関わっている気がして仕方がなかった。

父が亡くなると、祖母が母に、父が生前贈与された土地を遺産として受け取る代わりに、優希さんか、それとも弟か、どちらか一人を養子に寄越せと言いはじめた。

母が拒むと口論になり、祖父も祖母に加勢した。

伯父は仲裁してくれようとしたが、両親に「おまえが跡取りを生まないせいだ」と責められると、何も言い返せなくなってしまった。

結局、母は遺産放棄して、以後、父の実家と関わりを断った。

それから何年も経たず、祖父母が相次いで病死したことを風の噂で知った。

その後も伯父は一人で家を守っていたようだけれど、今からおよそ一年前、六〇そこそこで亡くなってしまった。

――そして誰もいなくなった。幸福な三兄弟、芳しい果樹園、幻の大蛇が這いまわった家屋敷。すべて失われた。忌み地の言い伝えも、きっと遠からず消えるだろう。

K駅の幽霊

電車の信号といえば、赤や青の素朴な信号機が真っ先に思い浮かぶ。

しかし、現代の都市部にある電車の信号機は、制御盤やパネル、液晶画面に取り囲まれた、明るくてクリーンなコックピットのような信号扱所《あつかいじょ》で管理操作されているという。

もっとも、信号扱所では信号機を動かすばかりではなく、無線による列車の制御、運行状況の監視も行われているそうだ——具体的には、ダイヤの乱れをいち早く察知したり、列車の出入庫を監督したり、といったところだ。

線路が血管で、列車が血液だとすれば、信号扱所は血液を送り出す心臓だ。

脳にあたるのは、運輸のすべてを監督する司令所。

司令所とのやりとりも、信号扱所の重要な機能である。

関東圏の某鉄道で駅員を務めている佑真《ゆうま》さんは、制服を着て駅ホームや改札で接客業務にあたるほか、信号扱所で信号業務も担う、信号扱者《あつかいしゃ》だ。

不測の事態に迅速に対応しなければいけない仕事だから、信号扱者にとっては、先輩方から経験談を聞くのも大切だ。過去の運行データを研究するのも大事だが、体験談から学べることは多いものだ。

佑真さんは、新人の頃から、A先輩と良い関係を築いている。

A先輩は、技術、知識、判断力の三拍子が揃った優秀なベテラン信号扱者。この鉄道会社のさまざまな路線で信号扱所を任されてきた。

たいへん気さくな性格で、話を盛らない正直な人でもある。

信号扱者は、ときどき異動するものだ。その頃、もう二年ばかり同じ駅の信号扱所で働いていた佑真さんは「そろそろ他所《よそ》の駅へ行かされるな」と予感していた。

そこで、また、A先輩を飲みに誘った。

仕事の後に軽く一杯飲《や》りながら教えを乞《こ》うたことが、前にも何度かあった。A先輩は今回も快諾してくれた。そして、彼が次に異動させられそうな二、三の駅名を挙げると、それらの特徴や、そこで体験したことを話してくれた。

いろいろ聞いて、最後にK駅について訊ねた。

「T線の終端《しゅうたん》にあるK駅は、どうですか?」

「K基地だね」とA先輩は言い直させた。転轍機《てんてつき》及び信号扱所のある主要駅を《基地》と呼ぶのは会社の規定だ。

「はい。K基地です。あそこに異動させられる可能性もあるかな、と」

「そうだね。……K基地は、K駅行きの最終電車が着くだろ?」

佑真さんは軽く戸惑った。

——なぜ先輩は急に、あたりまえのことを言いだしたのだろう?

「ええ。始発も出ますしね?」

「そう。終電の後で、始発に備えて電車を入庫する。その前に、車両の隅《すみ》から隅まで点検して、もしも異常があれば対応するが、たいがいは何事もない」

そんなのは自分も何百回も経験済みだと思いながら「そうですね」と佑真さんは応えた。

「入庫した後、その旨を司令所に連絡したら、始発まで信号業務は終わりだろ?」

「……はい」

「その後になるとさ」と言って、A先輩は立ちあがって、佑真さんの真後ろに移動した。

「なんですか?」

「いいから、前を向いてろ。振り向かずに、じっとして。……何か感じない?」

「後ろに先輩がいる気配がするだけですよ？　……あ。体温が伝わってきました」

「それだよ！　背中が生温かくなってくるんだ。振り向いてみ？」

後ろを向くと、顎《あご》が先輩の腹をかすめた。

「近っ！」

「うん。そうじゃなきゃ体温までは感じないだろ？　あのな、終電後、K基地の信号扱所に入ると、こんなふうにピッタリ後ろに立つんだよ。そして報告作業が終わるまで、私の真後ろに張りついている……」

「誰が？」

「幽霊にきまってるじゃないか！　仮眠室で寝ている職員を除けば、私しかいないはずなんだから。それに、そいつは息をしてない。担当している駅の信号扱所を思い出せ！　終電後は計器類の音しかしないだろう？」

佑真さんは午前二時頃の信号扱所を頭に蘇らせた。白い室内。そこにひしめく計器類、操作パネル、無線機、パソコンのハードディスク、エアコン。それらが立てるブーンという音と、外を支配する圧倒的な闇と、たった一人で作業している孤独な信号扱者――。

A先輩は遠い目をしていた。彼も、真夜中の信号扱所を想い起こしているらしかった。

「怖いから振り返ったことはないけれど、なんとなく女のような気がしていたよ」

そこまで聞いて、佑真さんはK駅の仮眠室にまつわる幽霊の噂話を思い出した。

──仮眠室に、しょっちゅう、濡れた女の足跡が現れるというのだった。

ベッドのそばから足跡を逆に辿っていくと、仮眠室に併設されたバスルームに入っていく。バスルームの脱衣場で、それは途絶えている……と思いきや、あるとき、床に敷いた簀《す》の子を剥《は》がしてみたら、簀の子の下に足跡があり、バスルームまで続いていた。簀の子は乾いていたというのに──。

彼がこの話をするまでもなく、「例の噂なら私も知ってる」と先輩が言った。

「同じ幽霊なのかな？　でも確かめる気にはならなかった。終電後のK基地の信号扱所では、後ろの何かを見ないように、カニ歩きして外に出ることにしてたんだ。不思議と、一度もついてこなかったなぁ」

「じゃあ、そいつはいつも信号扱所で先輩を待っていて、帰るときは見送っていたんですね」

「嫌なこと言うなよ」

──つまり、それは、いつもK駅の信号扱所にいるものなのだろう。おそらく今も。

「K基地に配属されたら、僕も先輩と同じ目に遭うんでしょうか」

「うん。終電が行ったら、あいつが後ろに立つと思うよ?」


私は佑真さんに「それで、どうでしたか?」と訊ねた。

すると彼は「幸い僕はK基地には配属されずに済んでいるんです。もっとも、この話は七年も前で、その後、僕は、司令無線に大勢の声が混ざる墓地跡の駅とか、ホームの特定の位置から線路に吸い込まれるように飛び込む人が絶えない駅とか、K基地以上に怖い駅を経験しましたからね! もしもK基地の信号扱所で幽霊に後ろに立たれたら、先輩にならって、振り向かずにカニ歩きで立ち去ります」と、にこやかに答えた。

信号扱所は、転轍機のある駅に設けられるものだ。そして転轍機は鉄路の分岐点、つまり一種の辻にある。

昔から、辻には彼《か》の世と此《こ》の世の境が開くと言い伝えられてきた。そのせいで……?

K駅は、特に人身事故が多いわけではなく、これといった因縁も思いつかないという。

新宿駅の地下一階

——佑真さんが、お連れ合いから聞いた話。

彼は駅員だが、彼の妻もまた、鉄道の駅で働いている。とある私鉄の新宿駅で外線受付、つまり電話による各種の問い合わせに対応するオペレーターを担当しているのだ。

彼女の勤務時間は午前一〇時から。遅刻は厳禁だから、九時過ぎには新宿駅に到着して、四五分までには着席している。

新宿の駅ビルは、よくゲームのダンジョンになぞらえられる。「新宿ダンジョン」——攻略が難しい、巨大で複雑怪奇なラビリンスという意味だが、一〇年以上前からここに勤めている彼女にとっては勝手知ったるなんとやら、だ。

週五日は毎朝、さまざまな通路やエスカレーター、エレベーターを通り抜けて、件の私鉄駅の地下一階へ向かう。この事務所の存在は、外部の者にはあまり知られていない。入ってしまえば、窓がないこと以外は一般的なオフィスと同様のしつらえだ。オペレーターがいる執務室の他に、複数の会議室と、男女別の更衣室とトイレ、給湯室が併設されている。

尚、この真上には乗客用の救護室がある。救護室や病院からの問い合わせに対応したり記録を付けたりするのも、彼女の役目だ。

午前九時四〇分頃、彼女は、やや緊張しながら女性トイレを使った。個室に入って素早くドアを閉め、外の音に耳を澄ます。

パタパタパタパタ……。

「うふふふっ！　きゃははははっ！」

すぐに、トイレの前の廊下から小さな足音が近づいてきた。子どものかん高い笑い声と絡み合いながら、こちらへ向かって軽やかに駆けてくる。

たちまち女性トイレの中に侵入してきて、彼女がいる個室の前で一瞬、止まる。

彼女は急いで、タッチパネルの水洗ボタンを押して、勢いよく水を流した。

「ふふふふ……」

声の感じからすると、とても幼い。三つ四つだろうか。笑い声だけでは、女の子なのか男の子なのかわからない。パタパタと再び走りだした足音も、非常に軽い感じだ。

廊下を走って、遠ざかっていくその音と気配に、鼓膜の神経を集中した。

——行ってしまった。もう出ても大丈夫だろう。

油断せず、そろりそろりと個室から出て、トイレの中を見渡し、誰もいないことを確かめながら廊下へ出た。

廊下は静まり返っていた。隣は女性用の更衣室で、さっきそこで着替えたばかりだ。

更衣室を覗いてみたが、誰もいなかった。

廊下の突き当たりは曲がり角になっており、角の近くに第一会議室の出入り口がある。

通るついでに、そのドアを開けてみるのも、出勤直後の癖のようになりつつあった。

会議室にも子どもの気配は残されていなかった——いつものように。

執務室に行くと、同僚のオペレーターが先に出勤してきていた。

挨拶を交わして、彼女は念のため「非番の人が誰か来た?」と同僚に確認してみた。

すると、「子ども連れの?」と、事情を知らない人が聞いたら不自然に思うであろう質問が返ってきた。「そう」と彼女は答えて、同僚と目を見交わした。

「非番のときに、子連れで遊びに来る職員は珍しくないから、今日こそは……と思って」

同僚は首を横に振った。「いませんよ」

念のため、自分のデスクのパソコンから救護室の利用記録を調べてみたが、小さな子どもが入室したという報告は届いていなかった。

私が佑真さんから初めてこの話を伺ってから、もう三年ぐらいになるけれど、子どもらしき存在は、その頃から今に至るまで、彼の妻の職場に出没しつづけているとのこと。

出没するといっても、彼女や二、三の同僚が幼い笑い声と足音を耳にするだけで、少しも害はなく、近頃はすっかり慣れてしまったという。

朝がいちばん多いが、日中や夜にも、足音などが聞こえることもあるそうだ。

悪意が感じられないところは、まるで座敷童《ざしきわらし》のようだ。

新宿駅の人混みの中を歩きながら、ふと、足もとの地下にいる無邪気な子どもの姿を想像すると、なんとも不思議な心持ちがする。

バス旅行

志都子《しづこ》さんは島根県の片田舎で生まれ育ち、慣れ親しんだ町で還暦を迎えた。

よくわからない仕事――同人作家でカレー評論家――をしている三〇代の息子は、何年も前から東京住まいだ。

彼女が同居する家族は、今では、夫と、年寄りの猫だけ。一〇年前に義理の母が逝き、それからしばらくして、義理の父を介護施設に入れたのだった。

その時点で義父は九一歳。今や一〇一歳になる。近所で暮らしていた婚家の親戚の年寄りや、義父母が古くから親しくしてきた友人たちは、もう一人残らず鬼籍に入っている。

義父の戦友たちも、全員お墓の中だ。若い頃は何度かお酌させられたものだが……。

義父は苦労人だった――幼くして両親を亡くし、少年の頃に船大工に弟子入りして、妹二人を養った。長じてからも船大工を続けていたが、間もなく第二次大戦が始まって、兵隊に取られた。ビルマ戦線に送られて、《インパール作戦》で知られるインドのインパールで所属部隊が壊滅。わずかに生き残った戦友らと共に敗走して、ジャングルをさまよったという――。

このライフストーリーは、嫁いできてからというもの耳に胼胝《たこ》ができるほど何回となく聞かされてきたので、本人が語るが如く諳《そら》んじられるほどになっている。

彼女の息子も同様で、隅々までよく憶えているようだ。義父が元気な頃は、これが始まると、家族全員、内心うんざりしていたものだが、いなくなってみれば懐かしい。

戦後、義父は内装工事を請け負うようになった。日本の復興期で、内装業は時流に乗った。後に、志都子さんの夫（義父の長男）が仕事を継いで、今に至っている。

六〇歳になって初めて迎える秋のその夜、いつものように彼女は夫や猫と蒲団《ふとん》に入った。昨日と同じ明日が来るのだろうと思っていたら、明け方、奇妙な夢を見た。

――黄昏の田舎道で、やけにガタピシ揺れるバスに乗っている。運転席の斜め後ろにある、一番前の座席に腰かけていて、バス運転士の顔が見える。

どういうわけか、それが四〇年ぐらい前の、つまり現在の彼女自身と同世代の頃の義父にそっくりだった。

「お義父《とう》さんなの？」と驚いて訊ねると、「おう」と運転士が答えた。

すると間を置かず、通路を挟んで隣から「志都子さん」と呼ばれた。

振り向いたら、こっちは一〇年前に看取《みと》った義理の母だ。

「お義母《かあ》さん！　……お義父さん、どういうこと？　どこへ行くの？」

「どこって、決まっちょうよ。みんなで温泉に行くところだがね」

「みんな？」

座席に座ったまま、バスの車内を振り返ると、町で見かける路線バスより一回り狭くて天井も低い。妙にコンパクトな空間だから席も三〇に満たない。どのシートも進行方向の向きに設けられていて、乗客の顔がいっぺんに見渡せた。

――どの顔にも見覚えがあった。

気づけば、車内は、ちょっと騒がしかった。最後部の方には、高歌放吟《こうかほうぎん》、酒瓶を回し飲みしながら、軍歌を歌っている四、五人の集団がいた。

他にも、全員耳が遠いのか、大声でおしゃべりに興じる老人たち。年寄りに負けじと高い声で談笑する中年の女たち。手作りの料理を詰め込んだ重箱や酢飯を入れた飯櫃《めしびつ》、麦茶のヤカン、菓子や蜜柑《みかん》が、ひっきりなしに通路を行き交う。

やがて左右の車窓から家並みが消えて、青々とした野原を突っ切る一本道に入った。

この景色も記憶にある。

――三瓶山《さんべやま》の近くだろうか？

国立公園三瓶山の麓の三瓶温泉は、島根県民なら知らぬ者がない。薬効が高いと評判で、古くから湯治場が拓かれている。ここは草原も有名だ。国立公園三瓶山は、北の原大草原、西の原大草原、東の原大草原と、それぞれ名づけられた広大な野原を有しているのだ。

ただし、彼女は、草原をバスで通行する一本道の存在には、確信が持てなかった。

「ねえ、お義父さん。このバス、三瓶温泉に行くのよね？　こげな道があったかしら？」

しかし、義父が答える前に、ガガッと怪しい振動がバスの車体を走り抜けたと思ったら、プスプスゥ……と情けない音を立ててエンジンが止まってしまった。

「おっと！　まぁたガス欠だ！　これだけん、木炭車は嫌なんだ。……おーい、みんなぁ、いったん降りてくれんかな！　俺が窯のご機嫌を取る間、外の空気を吸うたらどうだ？」

「おらたちは乗ったままでええだら？　酒盛りしちょうけん！」

義父の戦友が声を張りあげて義父に答えた。呂律《ろれつ》が回っておらず、すでに相当きこしめしている。「ええよ。好きにせえ！」と義父は言って、バスから降りた。

続いて、数名の乗客がぞろぞろと外に出た。志都子さんもバスから降りた。

そして、これが鼻先の突き出たボンネットバスなことに気づいた。こんなもの、うんと小さな子どもの頃に乗ったきりだ……。さらに呆れたことには、義父についてバスの後部に行くと、そこに縦長の大きなガスボンベのようなものが取り付けられていた。

「お義父さん、これはなんなの？」

「いすゞ自動車製の木炭バスだな」

「そうじゃなくて……いえ、それもおかしなことだけど、この銀色のプロパンガスのボンベみたいなのは何？」

「窯《かま》に決まっちょうよ？　代用燃料は、やっぱりいけんな！　馬力不足だけん、こげな緩《ゆれ》え丘でも登れんのだ」

志都子さんが、では、これは日中戦争の頃から五〇年代に掛けて普及した木炭車なのだと理解できるまで、一、二分はかかった。

写真や映像、博物館の展示で知ってはいたが、こんなに間近で実物を眺めたことはない。

義父は生来、手先が器用で力持ちだった。八〇ぐらいまでは矍鑠《かくしゃく》として、老人とは思えないほど機械にも強かったものだ——窯の横に取り付けられたハンドルをグルグルと回しはじめたのを見て、彼女はぼんやりと昔日《せきじつ》の義父の姿を回想した。

「志都子さんには、手回しフイゴが珍しいかな？　……よし、火が回った！　あと一〇分ぐらいで出発できぃ思うが……志都子さん」

「はい。なんですか、お義父さん？」

「重量オーバーで、先へ進めそうにないけん。あんたは、ここに残りなさい」

「え？　こんな場所で置いていかれても困ります！」

義母の意見を聞こうと思い、姿を探すと、さっきの席に座っていた。

急いで乗り込んで、義母に話しかけた。

「お義父さんが、重量オーバーだから私だけ置いていくと言うんですよ。どう思います？」

「そりゃ仕方がねえ。目方が重えんだけん」

「私、そんなに肥《ふと》ってません」

「そげなことじゃねえんだが……。まだ、わからん？　おらたちを見てごらん。みんな亡くなっちょうよね？」

志都子さんは、恐るおそるバスの車内を見回した。ほとんどの乗客が座席に戻ってきていた。残る二、三人も、今しも乗ってこようとしている。

そのとき、全員の視線がこちらに向いていることに気がついた。

「皆さん、どうして私を見るんです？　なんで亡くなった人ばかりなんですか？」

だった。

「あんたは、降りれ！」

後ろから叱りつけるように言われて、振り返ると、義父がステップを上ってきたところだった。

「重量オーバーだ！　降りれ！　降りれ！」

衝撃を受けて、彼女は外に走り出た。

ほどなくバスが出発し、一人ぼっちで草原に取り残された。

——そこで目が覚めた。

それから間もなく、朝食の支度をしていたところ、介護施設から電話があって、義父が亡くなったことを知らされた。

「穏やかな、良いお顔で……。心臓がだいぶ弱っていらっしゃいましたから、おそらく心不全で亡くなったのではないかと思うのですが、あまり苦しまれなかったようです」

息を引き取ったのは明け方だったようだと聞いて、バスが出たときに旅立ったのだろうと志都子さんは思った。

——生身の肉体は、重いのだ。だから私はバスから降ろされたに違いない。

やがて義父の一周忌を迎えた。法事の後片づけを済ませて、夜遅くにベッドに入った志都子さんは、再びバスの夢を見た。

青空の下、彼女は緑の丘を歩いて上っていた。この辺りは丘陵地帯のようで、頂上に着くと、いったん下り坂になり、そのずっと向こうに山影が見えた。

……と、遥かな山から、一台のバスがこっちへ向かってきた。

近づいてきたところを見ると、義父の木炭バスだった
みるみる接近してきて、志都子さんの目の前で停車した。

「引き返してきた」と、バスから降りた義父が彼女に言った。

「どうして？　何かあった？」

「猫を忘れたけん。……おう、そこにおったか」

義父が頬を緩めて、こちらの足もとに目を向けた。同時に、脚に柔らかな毛が触れる感触があって、見れば、家の老猫が義父の方へ行こうとしているではないか。

「久しぶりだの？　元気にしちょったか？　可愛《かわ》えなぁ」

義父は猫をするりと抱きあげて、「じゃあ、志都子さん、さようなら」と笑顔を向けると、バスに戻っていった。

朝早く、彼女は泣きじゃくりながら目を覚ました。

蒲団の上にも中にも猫がいないのを確認し、ある予感を抱きながら探してみたところ、それはベッドの下で目を閉じて丸くなっていた。

眠っているのかと思ったが、もう息をしていなかった。まだ背中がほんのり温かったということ。

今も一緒にいるでしょう

元哉《もとや》さんは、一〇年以上前から東京で独り暮らしをしている。フリーランスの物書き、歌やギター演奏のネット配信者、カレー評論家など、いくつか肩書をお持ちだ。

電話インタビュー後、私はムーミン谷のスナフキンを連想した。実際の彼が、かの吟遊詩人にして哲学的自由人のようであるかはさておき、スナフキン同様、子どもたちにウケが良いのは確かだ。

昨年の六月、元哉さんは、三人の子どもたちとスマホアプリでチャットした。三人は地元の同級生の子どもたち。彼は島根県出身で、四捨五入すれば四〇になる歳だ。同級生の少なからずが結婚して家庭を築いている由。

帰省の折に、件の子どもたち——小学校の高学年の長男、中学年の長女、低学年の次男からなるきょうだい——と何度か顔を合わせていた。それだけで非常に気に入られるのは彼の才能だと思う。

ともあれ、そのアプリは、とあるゲームと連動しており、ゲーム設定上の「島」に集まった「お友だち」こと各プレイヤーは、スマホの画面の中でアバター同士が交流するだけでなく、実際にボイスチャットができる仕組みになっていた。

――そこまでの経緯は省くが、その日、元哉さんと三人きょうだいは、思い思いの動物のアバターに扮して、子どもたちが夕食を済ませた後の午後七時に「島」に集合した。

現実の元哉さんは東京の自宅アパートでソファにあぐらをかき、三人兄弟は彼らの両親と島根の家の居間にいるわけだが。

子どもたちを後ろで見守っている同級生も必要があれば会話に参加できる状況で、さっそくチャットを開始した。

すると、間もなく長男くんが唐突に、「ジジイってカノジョいるの？」と彼に訊ねた。ジジイとは元哉さんのことである。「いないよ」と彼は答えた。

「嘘つくな。いるじゃん！」と長男くん。

「いないよぉ。一年ぐらい前にカノジョと別れちゃったから」

「でも、さっき『ただいま』って聞こえたよ？」

「え？」彼は咄嗟に部屋の出入り口の方を振り向いた。

――たいへん気味の悪いことに、ドアが二〇センチぐらい開いていた。

スマホを持ったままドアを閉めに行き、再びソファに戻ると、

「誰か帰ってきたんでしょ?」と再び長男くんが言った。

「いや」と彼は否定した。「誰も帰ってこない。独り暮らしなんだから」

しかし、今度は長女ちゃんのアバターがピョンピョン跳ねながら「だけど女の人の声が聞こえるもん!」と主張した。

「お話し、してる」と次男くんも言いだした。「やさしそうな、おねえさん」

生意気盛りの長男くんのアバターが、元哉さんのアバターを軽く叩いた。

「いいじゃん、恥ずかしがらなくても! カノジョなんていう名前なの?」

「だからぁ、誰もいないって!」

「ウソツキ。紹介してよ。父さんと母さんも知りたがってるよ?」

「悪い冗談はよせ。本当に誰もいないんだから!」

「何言ってんの? 今、すぐ近くに来たじゃん! 『ねえねえ』って話したがってるよ?」

一瞬で全身鳥肌が立った。

ガバッと立ち上がって周囲を見回したが、もちろん彼しかいない。

もう我慢の限界だ。

「さ、さすがのジジイもキレるよ！」

そう怒鳴った直後に、いきなり停電した。

スマホの液晶画面以外の明かりがすべて落ち、彼は「ひゃあ」と思わず悲鳴を上げた。

「ジジイどうしたの？」「大丈夫？」「何かあった？」と一斉に子どもたち。

「急に電気が切れた！　君たちは歌でも歌っていなさい！　ブレーカーを見てくる」

すると彼らは、素直すぎるぐらい素直に合唱しはじめたのだが……。

「♪〜⌘▽∈◎Ⅱ♪§∪∋≡∩%∞〓#*〜♪　♪〜℃⇒〇∠∞∩●Σ∫∃÷〜♪」

今やっているゲームに登場する架空のアイドルたちが、謎の言語で歌うそれだった。

――どうしてそれを歌うかなぁ！

こういう歌があることは知っていたものの、澄んだ無邪気な歌声が闇に流れはじめたところ、かえって恐怖が増幅してしまった。

この部屋のブレーカーは玄関にある。液晶画面の明かりを頼りに、さっき閉めたばかりのドアを開けて暗闇を進み、ブレーカーを上げた。

明かりが点き、「よっしゃ！」と彼が声を上げると、歌声が止んだ。

ホッとしたのも束の間、長女ちゃんが怖いことを指摘した。

「今も横にいるでしょ？」

「いねぇよ！」と叫んだが、声が完全に裏返っていた。

左右をブンブン見回していると、次男くんから「いるよねぇ？」と不満そうに同意を求められた。

長女ちゃんと長男くんが揃って「いるよ！」と力強く答える。

冷たい汗が背筋を伝い、彼は部屋という部屋、トイレの中まで電気を点けてまわりながら、スマホで子どもたちに話しかけた。

「今日は、もうお終いにしよう。ゲーム終了！　おやすみなさい！」

一斉に「えー！」と抗議の声が上がるのを無視してゲームアプリを閉じた。

すぐに子どもらの親である同級生から電話が掛かってきた。

「もしもし？　どうしたの？」

わけを説明すると、旧友は「うちの子たちに、かつがれたんだよ」と笑った。

「そうかな？　そうだよなぁ。子どもたちの冗談。そうだよね？」

「うん……ん？　冗談は、そっちでしょ？」

「は？」

「聞こえてるよ。なんでカノジョがいないとか言うの？　もう、いいや。またね！」

「あっ、ちょっ、待っ……」

通話を終了されて、彼は途方に暮れてしまった。真実を話しているのに誰にも信じてもらえない上に、彼以外の（女の）声が聞こえるとみんな言うけれど、自分にはそんな声は聞こえないのだから――。


それからしばらくして、彼はＳＮＳでギターの弾き語りをライブ配信した。

数年前からやっているので、常連のリスナーさんたちが何十人かいる。

演奏が一区切りついて、合間のトークタイムに入ったところ、あるリスナーが、「最初の曲からずっと、手拍子が聞こえていましたが、そばにどなたかいるんですか？」とコメント欄に投稿した。

「手拍子？　いいえ、誰もいませんし、そんなはずはありませんよ」と彼は答えた。

「でもマイクに入ってましたから。隠すところを見ると、カノジョさんですか？」

彼は「またか！」と叫びそうになるのをグッと堪《こら》え、「違います。手拍子してくれるカノジョがいたらよかったんですけどねぇ。寂しいもんですわ」と冗談めかして言った。

この話はこれで終わりにしようと思ったのだ。ところが逆に、手拍子を聞いた他のリスナーたちが次々に会話に参加してきて、収集がつかなくなってしまった。

「熱心に手を叩いてましたよ！」

「ノリノリで手拍子していて、楽しそうな感じが伝わってきました（笑）」

「どうしてカノジョがいないとか言ってるんですか？　隠す意味あります？」


あれから一年以上経つが、元哉さんに新たな恋人ができる兆しはない。

今や、彼が女の声と一種の同棲をしていることは仲間内に知れ渡り、そのせいで次のカノジョができないのだと言われる始末だという。

「追い出せよ。たぶん、おまえの部屋にいるカノジョが女の子を遠ざけているんだよ」

もはや、それは彼の周辺ではカノジョ扱いされつつあるようだ。

元哉さんも「お祓いなどを受けるつもりはありません」と仰《おっしゃ》る。

共存する覚悟ができているのかと思いきや、よくよく話を聞いてみたら、単に、彼自身は問題の女の声や手拍子を一回も耳にしていないので、気にならないのだという。

彼の住まいは事故物件ではないし、土地の来歴にも特記すべきものが一つもなく、怪談

『牡丹灯籠《ぼたんどうろう》』のように生気を吸い取られているわけでもなさそうだから、好きにすればいいと思う。

尚、電話インタビューのときにも、途中、何度か、彼のそばで若い女がクスクスと面白そうに笑っていた。だから……今も一緒にいるのでしょう。

クダの匣《はこ》

長らく東京で暮らしてきた画家の幹也《みきや》さんが、岐阜県に引っ越したのは今から一年ほど前の、夏の初めのことだった。

転居の理由は一つではなかった。彼は、たった数年の間に、恋人と別れ、愛犬を亡くし、詳細は省くが、家業である不動産会社を継がずに済んだ。

そして、コロナ禍が都心で猛威を振るい出したので、一種の疎開を決意したわけである。

「それにしたって、思い切りましたね」と私は彼に言った。

――引っ越しの二、三日前に、彼から電話が掛かってきたのだった。

ちなみに彼は私の一〇年来の知己で歳も近く、美術を学んだ者同士、知識の分布が重なることもあって、そこそこ親しい。

「川奈さんも田舎に引っ越したらいいのに。今どき、東京に居る意味がありますか？」

「最近はそう仰る方も多いですね。でも私には無理。夫の会社がこっちにあるし、八王子の実家に八〇過ぎた親がいますし、どの版元さんも都内にオフィスがありますから」

「そんなの理由になりませんよ。国内ならどこでも一日で行き来できるでしょう？　それにまた、作家なんて画家と同じで、どこに居たって仕事できます。むしろ地方に行った方が筆が捗《はかど》るんじゃないですか？」

「私のことは、ほっといてください。ところで、なぜ岐阜県に？　ご親戚が？」

「いいえ。二、三年前、知り合いに勧められて、こっちに別荘地を買ったもので……」

「別荘地？　別荘じゃなくて土地ですか？　お金持ちですね！」

「いや、築五〇年ぐらいのボロ屋が六軒建っているだけで、ショボイもんです。『手を入れたら別荘地として貸しに出せるかもしれないよ』と、そそのかされて……」

「強引に買わされちゃったんですか？」

「そういうわけじゃなくて、話を聞いてみたら、とんでもなく安かったんです」

そう言って彼は件の別荘地の値段を教えてくれたのだが、上物つきで六軒まるごと買うのは私には無理でも、一、二軒なら一括で買えそうな破格の値段だった。

「大丈夫なんですか？」と私は心配した。「ゼロが二つ三つ少なすぎやしませんか？」

「地方の町はずれで、不便な場所ですから。周りには木しかありません」

「それでも安すぎると思いますよ。もしや事故物件なのでは？」

「……実は僕も最初はそう思って、一応調べました。でも何も出てきませんでしたし、現地に見に行ってみたところ、六軒中三軒はそのまま住めそうだったから、悪くない取り引きだと思って……。コンディションの良い三軒のうち、いちばん綺麗な家を一軒選んで、暇なときに通っては少しずつ手入れしてきたんですよ。今後はそこに住んで、残り二軒は賃貸に出そうかな、と。傷みが酷い三軒については、今のところ朽ちるに任せています。廃屋の取り壊し費用も馬鹿にならないから、その分、安くしてくれたんでしょう」

「なるほど。そういうことなら納得できます」

「コロナが流行《はや》りはじめる前に何度か泊まったことがあるんです。籠《こも》って絵を描くには最高の環境でね。周囲は森で、何もありませんから。逆に、ドンチャン騒ぎしても近所迷惑の気遣いもないわけです。コロナ禍が終わったら、大勢呼んでパーティーを開きたいな」

「まだ誰も招待したことはないんですか?」

「あー……画家仲間を誘って連れてきたことが、あるにはあるんですけど……」

そこで彼は、とある著名人の名前を挙げた。昭和生まれの人間なら誰でも知っているような女性の大学教授で、昔はよくテレビに出ていた。今は七〇代も後半になるだろう。

「へえ。あの先生、最近は絵を描いていらっしゃるんですね」

「はい。熱心にやっておられますよ。グループ展で何度かお会いするうち、茶飲み友だちになりまして……。あるとき別荘の話をしたら、静かな場所で描きたいと思っていたと言って興味を示されたので、連れていって差しあげたわけです。ところが……」

「ところが？　どうかされたんですか？」

「ここだけの話ですよ？　彼女、テレビではガチガチの合理主義者のイメージだったから意外に思われるでしょうが、実は霊感の持ち主で……」

別荘地の前で車から降ろした途端、顔色を変えて「ここはダメ！」と叫んだという。

「それで『わざわざこんな所まで来たんだから』となだめて、僕が使っている家の前まで連れていったんですけど『どうしても無理』と言い張って……。結局、一歩も家に入れずじまいで帰られたんですよ。それから一年ぐらい経ちますけど、あれ以来、顔を合わせる度に『あんな所によく住めるね』と仰るので、よっぽど怖かったんでしょう」

これを聞いて、私は少し不思議に感じた。

というのも、彼にも霊感があるのだ。奇怪な体験談を豊富にお持ちで、拙著に何度かご登場願っていた。霊的な障《さわ》りのありそうな場所には、近づかないと前々から言っていた。

「変ですね。あなたが平気で泊まれる家に、彼女は足を踏み入れることもできなかったなんて。女性にだけ向けられた呪いや祟りの類があるのかしら？」

「おや？　ちょっと興味が湧いたんじゃありませんか？　うちを取材しますか？」

「また何か起きたらね」と私は軽く応えた。「そのときは是非、取材させてくださいな」

「家の中をよく調べてみますよ。たまに絵を描きに行くだけだったから、まだ隅々まで見たわけじゃないので。何か発見したら報告します」


それから数日後、幹也さんから私のスマホに、こんなメッセージが届いた。

《川奈さん、ありましたよ！　屋根裏から桐《きり》の箱が出てきて、その中に、長さ五センチぐらいの頭蓋骨が入っていました》

ちょうどその頃、東京都町田市の古民家からニホンオオカミの頭骨らしきものが発見されて少し話題になっていた。

テレビのバラエティー番組の企画で、白洲《しらす》次郎《じろう》の友人宅だったという茅葺《かやぶき》屋根の屋敷を取材したところ、番組収録中に箪笥の中から紙に包まれた骨が見つかり、包みを開いた途端に、屋敷の外で野鳥が一斉に騒ぎだしたのだ。

番組では「超常現象だ」と言っていたが、捕食動物であるニホンオオカミの骨だったとしたら、野鳥に恐れられるのも道理かもしれない。

彼も、その番組を見て知っていた。

《例のテレビで放送された頭蓋骨は、あの家の先祖が代々大切にしてきた守り神という話でしたよね。この辺りの集落では、ニホンオオカミじゃなくて、小動物の霊を家の守り神にしていたのかもしれませんね？　うちの屋根裏にあったのは、たぶんイタチかハクビシンの頭です。オオカミとは違いますね。包みを開けても野鳥が騒ぎませんでしたよ。同じ肉食獣だけど小っちゃいから、鳥に怖がられていないんだな（笑）》

屋根裏に突き抜けた大黒柱の根もとに、桐で作られた古い木箱に納められて、置かれていたという。

彼によれば、それは小ぶりな玉手箱というか、弁当箱のような大きさの箱で、被せ蓋を外すと紫色の布包みが現れたとのことだった。

《羽二重《はぶたえ》というのかな？　控えめな光沢がある美しい絹の布地で、桐の防虫防カビ効果のせいか、まるで新品みたいでした。どんなお宝が入っているのか期待したら、骨だったというわけなんです。霊的なものは感じませんでしたが、写真を撮ろうとするとスマホのカメラが故障しました。たぶん偶然です。でも念のため、明日の午後、近くの寺で住職に見

てもらうことにしました。川奈さんも一緒に来ませんか?》

残念ながら、翌日はスケジュールが埋まっていた。

そこで明日の夜か明後日に、また報告してほしいとお願いすると、彼は「わかりました」と快く承知してくれた。

しかし、それきり何ヶ月も音沙汰がなかった。

私の方から、その後どうなったか訊ねることもできたけれど、テレビで紹介されたニホンオオカミの頭骨の類型らしいとわかった時点で、少し興味が削がれてしまっていた。

獣の頭骨を守り神にする、古い時代の民間信仰は珍しいものではない。

東北地方には、猿の頭骨や手の骨を牛小屋や馬小屋に祀《まつ》る「厩猿《うまやざる》信仰」という習慣があったそうだ。牛や馬の安産や健康を祈願して、猿の骨を守り神としたものだとか。

明治から昭和初期に活躍した民俗学者・佐々木喜善《ささききぜん》は、馬の頭骨を門の辺りに立てておく東北の習俗について書き残している。また、奄美大島では、豚の頭骨を村の出入り口に吊るしていたという。いずれも、災厄の侵入を防ごうとしたものだとされている。

九州には「シシ権現」こと白鹿権現《はくしかごんげん》という、猪や鹿の頭骨を二万個あまりも祀った洞窟がある。白鹿権現は狩猟の守護神で、今でも地元の猟友会の人々などが猟の安全と豊猟を祈願しに訪れては、獲物の頭骨を納める。

ニホンオオカミの頭骨については、狐憑きの憑きもの落としにも用いられていたそうだ。

ともあれ、生き物の頭骨には強い霊力が宿っていると信じられてきた。

だが、私は民俗学者でも文化人類学者でもない。ただの怪談作家だから、守り神の骨があっても、怪異が起きなくては何も始まらないのである。

――そう思って、幹也さんを放っておいたのだった。

だから今年の春になって、彼が急に《岐阜の家を取り壊しました》と知らせてきたときも、最初は、屋根裏から出てきた頭骨と結びつけては考えなかった。古い建物だから雨漏りなど物理的な不具合が出て、建て直すことにしたのだろうと思い、《そうですか。残念でしたね》と返信したのだが。

《外に出したらクダの骨が消えました。ここはスジの家で霊道が通っています。深夜に一〇〇デシベル。睡眠中の心拍数がマラソン並。もう少しで殺されるところでした》

――と、こんな、わけのわからない返事が届いたのである。

いったい幹也さんの身に何が起きたのか？　そしてクダとスジとは、なんなのか？

ここからは幹也さんの行動に沿って、順を追って話そう。

彼は、最後に私とメッセージをやりとりした翌日、予定どおりに近所の寺を訪れた。寺の住職には、前の日に電話でアポイントメントを取っていたという。

彼の別荘地から寺までは、車で三〇分ぐらいの距離である。元通りに頭骨を箱に入れると、片手に車の鍵を、もう片方の手にその箱を掴んで、彼は玄関から外に出た。

その瞬間、別荘地を囲む森が絶叫した。

無論、森が叫ぶはずがない。そこに棲む野生の鳥や獣たちがいっぺんにけたたましく鳴き騒いだ結果、森そのものが叫び声を放ったかのように聞こえたのだ。

耳をつんざく大音声に驚愕して、彼は慄《おのの》きながら車に乗り込んだ。箱を助手席に置き、急いでエンジンを掛ける、その間もずっと森は騒ぎつづけていた。

別荘地から遠ざかっても、尚、森の生き物たちの悲鳴のような声が遠雷のように聞こえてきたそうだ。

——あの、テレビで放送されたニホンオオカミの頭骨の件と、同じことが起きたのだ。

彼は興奮を覚え、寺の住職に箱を渡しながら、家の外に出した途端に森の生物が騒いだことを伝えた。

住職は見たところ八〇を過ぎていそうな年寄りだが、頭はしっかりしていそうだった。いかにも村の生き字引風だと、都会から来た幹也さんには思われた。

彼は「やはり、あの家の守り神なんでしょうか？」と期待を込めて住職に訊ねた。

しかし頭骨を見た住職は渋面《じゅうめん》を作り、「クダですな」と言った。

「クダ？」

「ええ。あの辺はスジの集落でした。スジの家には、クダの頭を屋根裏に祀る習慣がありました。スジは村では孤立していました。スジの娘が嫁に行くときは、娘の両親が真夜中に婿さんの家に行って、本当に嫁に貰ってくれるのか念押ししたもので……」

「待ってください。スジって？　何が何やら、ちんぷんかんぷんです」

そうでしょう、と、住職はうなずいた。「昔のことです。スジの女にはクダが憑いている。そのため避けられたり、クダを使うお蔭で豊かなのだと言われて妬まれたり……」

「あそこに住んでいた人たちは、村で差別を受けていたってことですか？　でも僕が買ったのは寂《さび》れた別荘地で、誰も住んでいませんでしたよ？」

「昔あの場所に住んでいた家族が、景気の良かった頃に、貸し別荘で商売しようとしたのですよ。近在の村々も飛騨高山の観光開発で沸きましたから。ゴルフ場もできて……」

だいたい昭和五〇年代ぐらいのことだ。たしかに、あの六軒の別荘もその頃に建てられたものだから、辻褄《つじつま》が合う。

「その家族が、スジ？」

「はい。代々そういう家系だったそうですよ。……先代が生きていれば、もっと詳しくお教えできたと思います。私が当寺に来たときには、スジは他所に移っておりました」

だんだん理解できてきたぞ、と幹也さんは思った。

――つまり「スジ」は一種の被差別民なのだ。だが、裕福でもあった。

差別の原因は「クダ」にあるが、クダは家を富ませもしたのだろう。

別荘地を彼に売った知人は不動産屋で、この地の出身者ではなく、スジとは無関係だ。

だが、スジやクダについて何か知っていた可能性がある。だから安かったのではないか。

そして、この小動物の頭蓋骨は、クダの御神体か、クダそのものに違いない――。

「これは、どうされますか？　よかったら、当寺でお預かりしましょう」

うっすらと心配を滲《にじ》ませる口ぶりで住職にそう訊ねられたが、幹也さんは、もうすっかり、クダやスジといった土俗的な言い伝えに魅せられていた。

「いいえ。持って帰ります。せっかくですから、ちょっと調べてみたいので」

「では、何かあったら私のところへ持っていらっしゃい」

寺を辞してから、この頭骨が家の守り神かという質問に住職が答えてくれなかったことに気がついた。「クダですな」と、ちょっと吐き捨てるように言っていた。

——守り神という言い方が、正しくなかったのかもしれない。

住職は「クダが憑いている」「クダを使う」という言い方をしていた。

——憑く。使う。守り神のイメージとは、なんとなく噛み合わない。


家を出るときは、あれほど騒がしかった森が、帰ってきたら死んだように静かだった。

虫の声すら止んでいる。

とはいえ、こっちが常態に近かった。基本的にたいへん静かな土地なのだ。

幹也さんは木箱を元の場所に戻した。

それからクダとスジについて、スマホで検索してみた。

まず「岐阜県」と「クダ」でキーワード検索すると、国際日本文化研究センターの《怪異・妖怪伝承データベース》の情報がすぐにヒットした。

――クダキツネ。一九七五年に発行された『美濃《みの》民俗』。執筆者は高木ぬい。

そこに、「いいな使いが加納藩の侍たちの前でくだ狐という目に見えない小さな狐を使った」という岐阜県岐阜市に伝わる逸話が収録されているというのだった。

では、「スジ」はどうかといえば、同じく《怪異・妖怪伝承データベース》で、それっぽいものを発見した。

呼称は「トリツキスジ」。執筆者は東洋大学民俗研究会で、書誌名は『和良《わら》の民俗―岐阜県郡上《ぐじょう》郡和良村―』。一九七九年発行。岐阜県郡上郡和良村（当時）を取材した、こんな要約が載っていた。

《取り憑き筋の家が以前はあった。その家から卵をもらうと中身が真っ黒だったりした。取り憑き筋の女性は皆美人だという》

さらに、「憑きもの筋」というウィキペディアの記述にも辿り着いた。

《日本のいくつかの農村では、憑きものは家系によって起こると信じられ、その家は憑きものを使役して、他人から財物を盗んでこさせるので、総じて富裕な家が多く、また、憑きものを他人に憑けたりすることもあると考えられ、忌み嫌われていることが多い》

――住職が言っていたことと完全に一致する。この辺りでスジと言ったら「トリツキスジ」つまり「憑きもの筋」で、スジの家にはクダが憑いていると村では信じられていたに違いなかった。彼らは富裕だったが、忌み嫌われていた。女たちは美貌で知られる一方で、嫁の貰い手に苦労した――。


ここで私から、「クダ」などについて、少し補足しよう。

民俗学者の小松和彦《こまつかずひこ》は『憑霊信仰論』において、こう記している。

《この「もの」は、通常、動物霊と人間の姿それも童子の霊との二つの型に沿って形象化されている。前者の動物霊が一般に言われている「憑きもの」の類で、その頻度には差があるにせよ、全国に広く分布している。種類・名称はそれぞれ異なっているが、それらがもつ属性はほとんど同じである》

そしてその名称として、冒頭に《秩父《ちちぶ》一帯を中心とする関東では「オサキ狐」》と掲げた上で各地の呼び名を列挙、濃尾《のうび》地方つまり岐阜県一帯では「クダ」という名で知られていると紹介していた。

さらに「クダ」については、クダと「クダ狐」を同一視しながら外見的な特徴を説明した中村寅一の古い民俗学研究も取り上げている。
《クダ狐というのは鼠《ねずみ》とイタチの間ぐらいの大きさで、白い毛になったのが一番上等だとされていた。目がクリクリして丸くて大食で繁殖力が強かった》
《食を与えておくと言うことを聞くようになり、「誰某の家へ行け」と言うと、行って憑いた。憑かれた者は妙な病気になり、食は進むが痩せていく（中略）痩せていながら家の中をガタガタさせたりする。早く行者に祓つて貰わないと手遅れになって、クダが離れると同時に死んでしまう》
《クダ使いは人に憑かせては御祈りして金を取るが、女のクダなど使うと子が殖えて食べ物にかかって大した金持ちになった者はない。（中略）一般人からはクダ使いの家は嫌がられ、その家の娘を貰うと憑いてくると言われた》
クダ使いが差別された理由は、敵対者に死をもたらす神通力への恐れと、嫉妬――。
尚、幹也さんが検索した『美濃民俗』に書かれていた「いいな使い」は、中世以後に関東地方を中心に流行った妖術「飯縄使《いづな》い」のことに違いない。
飯縄使いは「飯縄法」とも呼ばれ、今の長野県の飯縄山に生まれた飯縄権現信仰に端を発する。一三世紀の武将、伊藤兵部太夫忠縄・次郎太夫盛縄親子が、飯縄山で修行した末に飯縄権現から授かったのが、飯縄法の最初だと言われている。

かつて、飯縄使いと飯縄権現は、強大な力への信任と結びついていた。

飯縄権現は不動明王の化身であるとされ、修験道とも結びついて、上杉謙信《うえすぎけんしん》、武田信玄《たけだしんげん》といった戦国武将を魅了した。私の故郷八王子に八王子城を築いた後北条家《ごほうじょうけ》の北条氏照《うじてる》も、高尾山の飯縄大権現の熱心な信者だったという。

しかし江戸期に入ると飯縄権現信仰は衰退し、飯綱法も疎《うと》まれるようになった。

小松和彦は『憑霊信仰論』の中で、江戸・天保年間に編まれた地誌『駿河雑志』から、クダ使いがお上による処刑の対象だったことを表す記述を引用している。

《くだといふ獣あり。形及び大きさ鼬の如し（中略）しうねき物怪に似たり。くだつかひ天下の大禁にして、刑をまぬがれざるを知るといへども、土俗ややもすればこれを使うて富を得るを望む》

この「しうねき」とは、執念《しうね》しという古語の形容詞の活用形で、執念深い、しつこいという意味だ。

——執念深い妖怪のような獣、クダ。

寺から帰った日の夜、幹也さんは深夜に息苦しさを感じて、目を覚ました。

彼は心臓に持病がある。とはいえ生まれつきのもので自覚症状はほとんどなく、健康診断で心電図を取れば引っ掛かるが、これまで日常生活に差し障りはなかった。

ただ、強い精神的ストレスにさらされたときなどに、普通の人よりも不整脈の発作が出やすい。四〇代後半のときに、かかりつけ医から、不整脈が脳梗塞《のうこうそく》を惹き起こして身体機能に深刻な後遺症が残るケースがあると脅されて、心拍測定機能つきのスマート・ウォッチを勧められた。

それからは、最新式のスマート・ウォッチを絶えず身に着けている。明け方に発作を起こす患者が多いそうなので、寝るときは特に気をつけて、必ず手首に装着していた。

スマート・ウォッチが高心拍数（安静時の心拍数が毎分一二〇回以上で一〇分間続く）を検知すると、スマホの心拍計アプリに通知が届く。

この仕組みで、いち早く異常を発見して、軽症のうちに治療を受けようというわけだ。

幸いこれまでは異常が検知されずにきたのだが、今夜は、目が覚めた瞬間から、激しい運動をした直後のように動悸がした。ゼイゼイと息を切らしながら枕もとに置いたスマホで心拍数を確かめると、信じられないような数値を示していた。

一五〇回／分。しかも、それが午前一時頃から今――午前三時ちょうど――まで二時間も続いていた。

安静時の拍数の正常値は、毎分五〇から一〇〇回だ。中年男性で心拍数一五〇回というのは、だいたいフルマラソンを走るときの目安である。

次第に動悸が治まってくると、ひどい喉の渇きを覚えた。完全に息が上がって、無意識に口を開けて酸素を取り込もうとしていたらしい。そこで水を飲みに行くためにベッドから下りようとしたところ、今度は両脚の脛《すね》に激痛が走った。

痛さのあまり頭から床に転げ落ち、両脚を抱えて丸まる。

――そのとき、つい今しがた夢で見た光景がフラッシュバックした。

異様なまでにリアリティがあるが、とても短い夢だった。

いや、夢の一部なのかもしれない。痛みと共に、一瞬の記憶だけが蘇ったのだろう。

青黒い闇に満たされたこの部屋の景色を、夢の中で、彼は天井から俯瞰《ふかん》していた。

ベッドで熟睡している彼自身が見え、その左右の足首を、黒い毛に覆われた手がむんずと掴んだ。……そこから先は思い出せない。

呻《うめ》きながら台所まで這っていき、ミネラルウォーターのペットボトルに口をつけて水を飲むと、脛の痛みが和らいだ。

再びベッドに横たわったが、目が冴えてしまっていた。スマホを弄《いじ》りながら朝を待つことにして、しばらくはSNSで友人たちの書き込みを眺めた。だが、やがて飽きてしまって、ふと思いつきで、騒音測定アプリを開いてみた。
二、三年前に、その頃同棲していた女性からイビキがうるさいと指摘されて、実際どれほどうるさいか測ってみようと思ってダウンロードしたアプリだった。しかしイビキ以外のあらゆる騒音にも反応して、その都度アラームを鳴らすので通知を切っていた。同衾《どうきん》する恋人もいない今、このアプリ自体が、もはや不必要になっていたが、たまに物凄い騒音を感じたときに試しに測ってみるのが面白くて、スマホに残しておいたのだ。
――今は、まるで耳を塞がれたような静寂が満ちている。

測ってみたら二〇デシベルだった。たとえば「雪の降る音」が二〇デシベルだというから、どれほど静かなのかわかろうというものだ。

そうした情報も、このアプリには付いていた。

たとえば、「パチンコ店」が八〇デシベルで、「工場の中」が九〇デシベルだとか。

無論、パチンコ店や工場もよりけりだから、こんな数値はおよその目安にしかならない。

ちなみにイビキは五〇から八〇デシベル。以前は、隣で寝る人の安眠を妨げる八〇デシベル以上の騒音をアラームで知らせるように設定していた。

通知を切っても、アラームの閾値《いきち》＝八〇デシベルを超えた騒音があれば、音が鳴った日時と音量の記録が残る。

そのとき、今日の午前一時から午前三時にかけて一〇〇デシベルの音が記録されていることに気がついた。

一〇〇デシベルは「電車が通過中のガード下」程度の騒音だ。ようするに、近くにいる人との会話も困難なほどの、我慢ならないうるささである。

就寝中にそんな音がすれば、ふつうは目を覚ましてしまうだろう。

ところが午前一時からずっと、二時間も鳴りっぱなしだったという記録が残っている。

――心拍数が上がっていた時間帯と一致している。

薄明が窓から差してくるに従って、芯の方にしつこく残っていた腟の痛みが引いていき、午前五時頃にはすっかり消えた。

ただ、朝だというのに疲労感があり、体が重かった。全身にこびりついていた乾いた汗をシャワーで流してもスッキリせず、その日は一日、何をするのも億劫《おっくう》だった。

かろうじて、翌日の午前中に、かかりつけ医のいる都内の心臓外科に予約を入れた。

――ところが、その夜にも、まったく同じことが起こった。

毎分一五〇回の心拍数と、一〇〇デシベルの騒音の記録。動悸と息切れで目が覚め、脛に骨でも折れたかと思うほどの痛みを覚えるところまで同じだった。

黒い手に足首を掴まれる夢も見た。

シャワーを浴びた後、体重計に乗ってみたところ、たった二晩で三キロも体重が落ちていた。いよいよ先天性の心臓の持病が暴れだしたにちがいない、と彼は覚悟した。

――脛の痛みと悪夢は、心臓と何か関係があるのかもしれない。騒音は説明がつかないけれど、眠りながら大声をあげて苦しんでいた可能性がないとは言えない。

しかし、病院で検査した結果、以前に比べて特に悪くなっているところは何も見つからなかったのである。


そんなことが一ヶ月も続いた。

ただ何もせずに我慢していたわけではなく、その間に、彼は何度か心臓外科で検査を受け、一度は三日間も検査入院してみたのだった。

入院中は心拍数が上がることはなく、おかしな夢も見なかった。もちろん深夜の騒音も記録されない。かかりつけ医は、心療内科を受診するように勧めてきた。

――原因がわからないので、精神状態が疑われたのだ。

ちょっと憮然としてしまって「もういいです！」と医者に応えると、さっさと岐阜に戻ってきた。帰ってきたときは体調も良く、ああいうことは二度と起きまいと楽観していた。

だが、その予想は外れた。再び動悸で目が覚めて……。何もかも、元の木阿弥だった。

恐ろしいスピードで痩せてきて、ひと月も経たずに一〇キロも体重が減ってしまった。

そこで彼は昼夜を逆転させることを思いついた。

午前一時から三時の間に目を覚ましていれば、何が起きているのか確かめられるし、もしかしたら何も起きないことも考えられる。

朝になっても疲れが抜けていないので、日中に眠るのは問題なかった。

むしろ眠りすぎたぐらいで、午前一〇時頃から、午後八時頃になって空腹で目を覚ますまで、爆睡してしまった。買い置きしていた冷凍食品やインスタントのカップ麺をいくつも調理してドカ喰いし、お腹がくちくなると、久しぶりに元気が出た。

気分が良かったので、アトリエにしている二階の部屋で、音楽を聴きながら絵を描いた。

午前零時を過ぎた頃、天井からかすかな物音が聞こえてきた。

——ネズミかイタチか、ハクビシンかな?

小動物の姿から、自ずとクダの頭蓋骨が想い起こされた。

そういえば住職に見せたとき以来、屋根裏に桐箱を置きっぱなしだ。夜中の動悸や何かでそれどころではなく、クダのことを忘れていたのである。

カサコソと、屋根裏で小さな生き物が動いているようだった。ちょうど、クダの箱を置いた大黒柱の辺りから、聞こえる。

彼は絵を描く手を止めて天井を見つめた。カサコソ。カサカサ。何がいるのか……。

好奇心に衝き動かされて、屋根裏の梯子段を下ろしてみると、小動物の気配がますます濃厚になった。騒音計アプリが喩えるところの「雪の降る音」ぐらいの足音も聞こえた。

彼は懐中電灯を持ってきた。小動物の姿を映像で残したかったから、スマホも紐で首から提げた。屋根裏にいるものを驚かさないように、足音を忍ばせて梯子段を上った。

上に着いてから懐中電灯を点けて、すぐに大黒柱を照らしてみた。

懐中電灯の光にびっくりした小動物が走って逃げようとすることを想定していたが、動くものは何も見当たらなかった。

――どこかに隠れているんだろう。

光の輪の中に桐箱がある。最後に目にしたときのまま、何も変わりがなかった。そばに行って箱を手に取ると思いがけないほど軽かったが、元々たいへん軽いものだったことも同時に思い出した。

しかし蓋を開けてみたところ、紫色の絹が平らに潰れていた。頭骨の丸みを表して膨らんでいたはず。これは、布の中に何かを包んでいる形状ではない。

急いで包みを開いてみると、やはり中身が消えていた。

カサリ、と、背後で小さな音がした。

小動物の気配を感じて、彼は後ろを向いて懐中電灯を照らした。……何もいない。だが気配は消えていなかった。箱を床に置いて、大黒柱の周りを歩きまわりながら、あちこちを照らして獣の姿を探した。

――そうだ。動物がクダの骨を盗ったのかもしれないぞ。

後になってみれば馬鹿げた想像だとわかったが、そのときは、そんなことを思いついた。布を元通りに戻したり、蓋を閉めたり、そんなことができる野生の小動物がいるわけがないのに、クダの頭の骨をくわえたイタチの姿を想い浮かべて、屋根裏の隅々まで一所懸命に探してしまった。

屋根裏には、冬用の蒲団一式とスキー板などの他、読まなくなった本を詰めた段ボール箱を壁に沿って置いていた。もう探すところがなくなり、段ボール箱をずらして、壁際を覗きはじめたときだ。

突然、心臓の拍動がわけもなく速まってきた。

たちまち息が苦しくなり、口を開けて喘《あえ》ぎながらスマホを顔の前にかざした。

しかし周囲の光量が足りないせいか、スムーズにロックが解除できない。懐中電灯をうまく使う心身の余裕がなく、震える指で暗証番号を打ち込んだ。

ようやくロックが解除され、時刻表示が現れ、スマホの画面に入れているアプリのアイコンが並んだ。

騒音計アプリに、新しい知らせを表す赤いマークが付いている。

まさか、と、信じがたい気持ちで騒音計を確かめてみたら「一一〇」という数字が点滅した。

――一一〇デシベルの音が、今まさに鳴り響いているはず。

しかし、そんな音など鳴っていない。耳が聴こえなくなっているとは思えなかった。なぜなら、自分が立てる荒い息の音や苦悶の呻《うめ》きは鼓膜に届いていたから。

苦しい呼吸と動悸に耐えながら、試しに通知をオンにすると、ブーッブーッと騒音計アプリがアラームを響かせ始めた。

彼は騒音計アプリの通知を切った。次に画面を操作してスマート・ウォッチと連動した心拍計アプリを開くと、こちらも例の「一五〇」という数値を示していた。

心臓はドキドキと早鐘を打ち、今しも胸を突き破って飛びだしてしまいそうだ。全身の毛穴という毛穴が開いて汗が噴きだした。

その汗が、もう夏だというのに氷のように冷たい。死を身近に予感した。

彼は舌を出して犬のように喘ぎつつ、薄くなる意識の中で、何者かが両脚の足首をむんずと掴むのを感じた――。


幹也さんは、午前三時に屋根裏で目を覚ました。しばらくは動くこともできず、固い床に横たわったまま動悸と脛の痛みに耐えた。

心拍数が落ち着き、脛も痛まなくなると、シャワーを浴びて身支度を整え、空になった桐箱を持って、あの住職を訪ねた。

住職は突然やってきた彼に初めは少し驚いたが、クダの箱を目に留めると、何もかも理解したような眼差しに変わり、「もっと早くいらっしゃると思っていました」と言った。

「クダの骨が、消えてしまったんです」

幹也さんは、これまでに起きたことを、昨夜の出来事も含めて、そこに突っ立ったまま洗いざらい話した。立ち話にしては長く、内容も異常なことは承知していたが、口を開いたら言葉が次々に溢れて、止められなくなってしまったのだ。

住職は、そんな彼を咎めもせず、話の腰を折ることもなく、黙って全部聴き終えると、

「あなたが買われた別荘地には霊道があって、クダは、彼の世と此の世を自由に行き来しているのだと思います。その箱にも霊道が続いていると思います。クダが箱に帰ってくるといけないので、それは私がお預かりしましょう」

と言って、彼の手から優しく箱を取りあげた。

「……スジの家族しか、無事には暮らせない場所です。引っ越された方が良いですよ」

それから本堂でお経をあげてもらい、お札と浄めの塩を受け取った。

「すぐに行くあてがなければ、四隅に盛り塩した部屋にお札を貼って、なるべくそこで過ごしなさい」

言われたとおりにしてみると、果たしてその晩は何も起らず、朝まで安眠できた。けれども、体に蓄積した疲労が祟ったせいか、その後、彼は頻繁に不整脈を起こすようになり、東京の病院に三ヶ月も入院する羽目になってしまった。
《退院してから新居に移って、その後、あの別荘地を潰す計画を立てはじめました。手始めに住んでいた家を取り壊して……最終的には更地にします》
スマホに届いた彼のメッセージに私は《新居って？》と返信した。
《東京でしょ？　だったら近いうちに会いませんか？　詳しく話を聞かせてください》
てっきり彼は都内に戻ってきたものだとばかり思っていた。だって、岐阜に行って早々、あんなに怖い目に遭ったのだから、古巣に逃げ帰ったのだろう、と……。
ところが彼のリプライは《いいえ》だった。
《オチョボイナリはご存知ですか？　岐阜県海津《かいづ》市の千代保《ちよほ》稲荷神社という神社です。こんどの家はそこから歩いてすぐの町なかです。毎月晦日から翌月一日まで月越参りってお祭りを夜を徹してやっていて面白いですよ。いっぺん見にいらっしゃい》

《へえ》と私は返した。《意外です。岐阜が気に入ったみたいですね？》
《気に入ったわけじゃありませんが、一度あんなことがあれば、もう怖いことは起きないと思うんですよ》
《たしかに（笑）お話を伺って、考えついたことが一つ二つあるのですが……》
《どうぞ。是非お聞かせください！》
《幹也さんは、絵を描くために、ときどき通っていましたよね。その頃は、あの先生が怖がって帰ってしまったこと以外、なんともなかったんですよね？》
《そうです。先生が怖がったときに、怪しいと思わなくちゃいけなかった（笑）》
《それは、そのときの幹也さんには無理だったんですよ。男だから》
《性別が関係あると？》
《ええ、たぶん……。私が本で読んだ限りでは、クダの伝承は女の人に少し偏《かたよ》っていました。嫁に憑いて他家に伝播するというのが代表的ですけど、他にも、クダの家の女は多産だとか美人だとか……。クダ使いは修験道の行者や武士、つまり男のイメージなのに。だけど男を魅了するのもクダの神通力のうちだとすると、これは辻褄が合います。女の魅力で男を虜にして繁殖するわけですよ。そうでもなければ、差別されているクダの家から誰が嫁を迎えるでしょうか？　……とすれば、クダのスジでない女は、クダにとっては、まったく要らない存在です。例の先生は女で、しかも霊感があるから、クダに拒絶されると、恐怖を感じたんじゃないかな？》
《でも、それだと本格的に引っ越す前から、僕の身に何か起きていそうですよ？》
《うすうす察していらっしゃるでしょう？　クダを家の外に出したら森が騒がしくなって、その夜から異変が起きだしました。家から持ち出すことで、封印を解いてしまったんじゃないでしょうか。「箱にも霊道が続いている」とご住職が言いました。箱に封印されているうちは、クダの力は弱かった。家から出すと封印が解ける仕組みだったのかも……。または霊的な綱で大黒柱に結わえてあったのが、解けてしまったのかもしれませんね》
この私の推理があたっているとは限らないが、幹也さんは今のところ元気にしている。
でも、クダは本当に彼から離れたのだろうか？
別荘地の権利を手放したという話も聞かない。更地にしてどうするつもりなのか……。
胸の奥がもやもやするので、まだ私は彼を岐阜まで訪問する気にはなれずにいる。

藤の右脚

電話インタビューの際に、怪談以外のお話を聴くことも多い。

最近も、昌子《まさこ》さんというインタビュイーさんが「うちの母が先日、転んで脚の骨を折って、入院したんですよ」と、世間話風に話を切り出された。

彼女からは、これまでに二回も体験談をお寄せいただいていて気心が知れていたから、不自然さはなかった。

そこで私は、お母さんが病院で不思議な体験をなさったのかしら、と心の中で考えながら、「それは大変でしたね」と、それとなく先を促した。

すると彼女は「ええ。しかも急に認知症が始まったようで……」と続けた。

「直前までそんな兆候はなかったのに。もう少し脚が快復したら認知症の方の検査を受けてもらう予定ですが、お医者さまは間違いないと……。入院すると症状が進行する人が少なくないんですって。このまま寝たきりになってしまうんじゃないかと心配で……」

「お年寄りの骨折や何かは、むしろそっちの方が怖いといいますね」

「ええ。母は骨粗鬆症《こつそしょうしょう》で、思いもよらない重傷になってしまって……。庭の飛び石につまづいて、前のめりに倒れただけで、まさか骨折するとは。右脚の大腿骨《だいたいこつ》が折れて、膝のお皿も粉砕骨折しちゃって、リハビリを含めて二ヶ月も入院することになりました」

「なんてことでしょう……。お気の毒です。たしか同居されていたんですよね？」

「はい、一〇年前から。その頃、父が亡くなって、母をうちで引き取りました。母は八〇歳で、さきほど申し上げたように骨が脆《もろ》くなっていましたし、たぶん認知症も……」

彼女は、さっき仰ったばかりのことを繰り返した。

これは、よほど深刻に悩んでいらっしゃるのだろうと私は思った。そこで、「お母さんのこと、私でよければ、いつでも相談に乗りますよ。気軽に連絡してくださいね」などと、つい口走ってしまったのだが。

彼女は「あっ！　そうじゃなくて」と私に応えた。

「このことで相談したいわけじゃないんです。川奈先生、ここからが肝心の話で……母は、転ぶ前に庭で右脚の無い幽霊を見たらしいんですよ。折ったのも右脚です。不気味でしょう？　でも骨粗鬆症と認知症のせいかも……。こんな話でもいいですか？」

――是非もなかった。そのとき傾聴した昌子さんのお話を綴ろうと思う。

それは、四月の下旬、家族で藤の花を見に行った直後の出来事だったという。

昌子さんのご自宅から近い、調布《ちょうふ》市の國領《こくりょう》神社というお社《やしろ》に、樹齢五〇〇年の藤の御神木があって、「千年乃藤」という名称で広く親しまれている。

藤は寿命が長く、どれほど樹齢を重ねても、蔓《つる》を伸ばして葉を繁らせる。このことから、長寿や子孫繁栄、商売繁盛に通じるとされてきた。また、「不二（世に二つとないこと）」や「無事」を連想させるため縁起が良いとされてきた。

國領神社では、例年、藤の開花期に祭を催してきた。会期中は、高さ約四メートル、面積約四〇〇平方メートルの藤棚の周りに屋台が軒を並べ、歌謡ショーなども行われる。

昌子さんの家から國領神社は、本来は歩いて行ける距離だ。実際、一人娘が独立する前は、家族三人で散歩がてらに花盛りの千年乃藤を見に行くのが愉しみだったとか……。

しかし娘は遠方の地方都市に就職しているし、現在同居している昌子さんの母は膝が悪くてあまり歩けない。それでも毎年、車で連れていって藤の花見をさせていたが、昨年はコロナ禍であり、母の膝の調子も殊《こと》のほか悪かったため、行かなかった。

祭の日が近づき、今年はどうしようかと迷っていたら、朝食の席で母が縁起でもないことを言った。

「もう、藤は見納め、匂い納めになるかもしれないねぇ」

昌子さんは夫と目を見交わした。連れていくしかない、と夫の顔に書いてあるような気がしたし、彼女自身、全然洒落《しゃれ》にならないと思っていた。

夫婦とも仕事が休みの土曜日を選んで千年乃藤の祭会場を訪れ、藤棚の花影をそぞろ歩いた。その日は朝からよく晴れて、初夏のような陽気だったが、藤棚の下は涼しかった。たわわな花房がそよ風に揺れて、甘く華やかな芳香を振りまいている。

「これよ、これ」と母は顎までマスクをずらして、辺りを漂う香りを堪能した。

「本当に好い匂い。来れてよかった。写真を撮ってちょうだい」

昌子さんは、母を藤の花房のそばに立たせると、自分のスマホで写真を撮った。

母はスマホを持っていないが、同居しはじめてからタブレットの使い方を覚えた。スマホの方が便利だからと勧めても、「小さくて見づらいから」と拒む。

その代わり、タブレットは器用に使いこなして、もはや母の生活の一部になっている。

ことに、SNSで親戚や友人たちと交流するのが愉しいようだ。

「撮れたのは全部送っておいてね。後で私のページに投稿するから」

昌子さんは母の言うとおりに、撮ったそばから写真を母のタブレットに送信した。

イートコーナーのテーブルと椅子を確保して母を座らせると、夫と交代で、屋台の飲み物や食べ物を買ってきた。母はどうせ、小鳥がついばむ程度にしか食べない。

境内にいたのは午前一一時頃からの一時間半ほど。そんな短い時間でも年寄りには堪えたようで、自宅に戻り車から降りると、庭の方を向いたままぼうっと突っ立っていた。

「どうした？　疲れちゃった？　ふだんから、もうちょっと体を動かさないとダメよ」

「違うのよ。あそこに……藤の花が下がっているところに、あの子がいたの」

母はそう言って庭の一点を指差した。

そこには夫が丹精している紫陽花《あじさい》の木が大人の背丈ほどの高さで丸く盛りあがって、青々した蕾をつけだしていた。
二二、三年前にこの家を新築で買った。そのとき、昌子さんは紫陽花ではなく藤を植えたがったのだが「家運が下がるから」と夫に止められたのだ。藤は花房が下がって咲くから庭に植えると家運も下がる。そういうジンクスがあるのだと、そのとき教えられた――。
こんなことを思い出しながら、「藤じゃなくて紫陽花でしょ」と訂正すると、母は「藤ですよ」と言い張った。

そして、「あの子は、かくれんぼのとき、あれの後ろに隠れるのよ。懐かしいわ」とつぶやいた。昌子さんは、すぐに「あの子って？」と訊ねた。

だが母は答えてくれなかった。何かに魅了されたように、紫陽花の方を一心に見つめている。

そのとき、一番最後に車から降りた夫が「お母さん、どうしたの？」と後ろから話しかけてきた。昌子さんは振り帰って夫に応えようとした……と、同時に「ミホちゃん！」と母が叫んだ。

慌てて母を振り向くのと、紫陽花の方へ向かって駆けだそうとした母が、たった一歩目で飛び石に爪先を引っ掛けて前のめりに倒れかかるのとが、ほぼ同時だった。

助ける間もなく倒れた母は、一声「うーん」と呻いたと思うとみるみる血の気を失って顔面蒼白になり、ぴくりとも動かなくなってしまった。

すぐに気絶しているのだとわかったが、一瞬、亡くなってしまったのかと思った。

救急車で搬送された母は、思いがけないほど大きな怪我を負っていた。入院の手続きを済ませた後、夫と帰り道の途中にある蕎麦屋に入った。

病院では母から引き離されて、別室で、医師から今後の治療方針などを聞かされた。コロナ禍だから仕方ないとわかっているが、病院で母と会話できなかったのが心残りでならなかった。「一人だけ、一言だけなら」という条件で、声を掛ける機会を与えてもらったのだが、母は目と口をギュッと閉じて、昌子さんの声に反応を示さなかったのだ。

「さっき、うちに着いたときから、ようすが変だったのよ」と彼女は夫に言った。「紫陽花を藤だと言ったり、あの子が後ろに隠れていると言ったり……。大昔のことと混同していたんだと思う。母が育った埼玉の家には藤の木があったから……」

夫はそのことを知らなかった。「そうなの？」という問いに、昌子さんはうなずいた。

「私も、物心ついた頃から小学校を卒業するまで、両親と一緒にそこに住んでた。祖父が植えた、お化けみたいな藤の木が庭の隅にあって……」

――その藤は、隣にあった百日紅《さるすべり》に蔓を絡みつけて雁字搦《がんじがら》めにし、とうとう枯らしてしまったのだと聞かされていた。「でも倒れていないね」と幼かった昌子さんは祖母に訊ねた。支えを失っても立っている藤の木が不思議だった。

百日紅は影も形も見えなかった。藤の葉が豊かに生い繁り、女の長い髪のような蔓を奔放に垂らしていた。

祖母は、「あれは、百日紅の屍骸を杖にしているんだよ」と彼女に答えた。

以来、件の老木が何か少し妖しいものとして胸の奥に刻まれた。

それでいて、彼女はその藤が好きだった。大人になってからも、ずっと。なぜなら、それは母方の祖父母の家の幸せな想い出に、真っ直ぐに通じていたから。

そこには祖父母と昌子さん一家の他に、伯父夫婦と三つ上の従姉《いとこ》も同居していて、今どき珍しい大家族の様相を呈していた。元は農家だったという古びた日本家屋に広い前庭がついており、風通しのいい真ん中の芝生のところで、よくバーベキューをやった。

従姉たちとかくれんぼをするとき、藤は格好の隠れ場所になった。

――「あの子は、かくれんぼのとき、あれの後ろに隠れるのよ……」

母が言う、あの子。ミホちゃん。

お盆のときに行く菩提寺にお墓があって、墓誌には、没年月日と共に「美浦子」と名前が刻まれていた。昭和三〇年に享年一二で亡くなった女の子、ミホちゃんには右脚がなかった。

赤ん坊の頃に負った怪我の痕が悪くなり、五歳の頃に切断する手術を受けたのだった。

詳しい経緯はわからないが、ミホちゃんの両親は戦争で亡くなっていた。唯一の血縁者だった祖父が引き取り、母や伯父と一緒に育てたのだ。

家に来たときから、彼女の右脚は無用の長物と化していたそうだ。太腿《ふともも》の傷痕がスプーンで抉《えぐ》った穴のような、凹《へこ》んだ潰瘍《かいよう》になって、よく膿んでいた。

昌子さんの母は「ミホちゃんの臭い」について話していた。

「夏になると化膿して、腐った魚のような、でも、どこか甘ったるいような、なんとも言えない臭いが消毒液のそれと混ざって……蒲団で休んでいたミホちゃんが、熱が下がるとお茶の間に来る、そういうときは臭いですぐにわかったものよ。あっ、ミホちゃん少し元気になったんだなって……」

幼い頃のミホちゃんは、しょっちゅう熱を出して寝込んでいたそうだ。

でも、右脚を切り取ってからは、めきめきと元気になって母と一緒に小学校に入学した。

「無二の親友だと思っていた。小六の冬、風邪をこじらせて寝込んだミホちゃんに変なことを言われるまでは……」

この出来事を、昌子さんは母から何回聞いたかわからないという。

そのとき、母はミホちゃんの部屋にクリスマスの飾り物を見せに行った。祖父が商用で浅草に行ったついでに仲見世のおもちゃ屋で買ってきた、模様付きのガラス玉だった。

「見て。これ素敵じゃない？　これから樅《もみ》の木に吊るすんだよ」

ミホちゃんは、このとき妙に肌が黄ばんでいて、風邪をひいてから一〇日ぐらいしか経っていないのに頬が萎み、鼻の横に見たことのない皺《しわ》が寄っていた。

枕から頭をもたげて手を伸ばしてきたのでガラス玉を渡してやると、明るい窓の方へかざした。しげしげと眺めて「綺麗」と弱々しくつぶやくと、ぐったりと目を閉じた。

「持っていいよ。あっちにたくさんあるから一個あげる」

母がそう言うと、ミホちゃんは、目を瞑ったまま、こう応えたそうだ。

「私の右脚の分まで愉しんで」

――それが最期の言葉となった。


昌子さんは、ミホちゃんが母を迎えにきたと信じているようだった。つい数日前、その後どうなったか彼女に訊ねてみたときは、國領神社に絵馬を奉納したと仰っていた。

國領神社には「落とし絵馬」という絵馬がある。厄・八・鬼・病・災の五難のうち除けたいと思う字が嵌《はま》った絵馬を買って、駄菓子の型抜きラムネの要領で、文字を絵馬から取り外して下に落とす。厄の字を落とせば厄が落ち、八なら八方塞がりを打開する。鬼は鬼門を、病は病を、災は災難を、それぞれ除ける力があるという。

昌子さんは、病と鬼の字を落とした絵馬を奉納したそうだ。

「母は、すっかり弱ってしまって……もう駄目かもしれません。歩けるようにはならないと思ってくださいとお医者さんから言われました。頭の方も、まだ検査できていないので本当に認知症かどうかわかりませんが、一日中ぼんやりしていて、入院してから意思の疎通ができていません。母方の菩提寺でミホちゃんのお墓に手を合わせてきましたけど……どうでしょう……ミホちゃんは母を手放すつもりがないのかも……」

埼玉の家と藤の木について訊いたところ、一〇年ほど前、彼女の祖父が亡くなった直後に伯父が土地を売ったというので、そのとき藤の木も手放したのかと思ったら、そうではなかった。

「不思議なことに、私と両親が出て行ってから、冬でもないのに葉が枯れ落ちて、あっという間に立ち腐れになってしまったそうです。なんだか藤にミホちゃんの魂が乗り移っていたような気がしませんか？」

黄泉比良坂の人々

彼の世へ旅立ったはずの人と再会した、あるいは見た、声を聞いた――そういう談話を浴びるように聴くうちに、霊感は高い確率で遺伝するようだと思うに至った。

統計を取っていないのでエビデンスに欠けるが、肌感としては八割以上の霊感の持ち主が、二親等以内に、自分と同等か、もっと優れた霊能力者がいたとお話しされるのだ。

また、地域によって霊感の持ち主の分布には偏《かたよ》りがあるということにも、インタビューの本数が三桁に達する頃に気がついた。ご応募してくる体験者のルーツは、多い方から順に、東北地方、九州地方や沖縄の島嶼《とうしょ》部、四国、北陸、北海道……。

もっとも、私が東京にいるせいで、東北出身の方から話が寄せられやすいという可能性が考えられる。東京者には、東北地方にルーツを持つ人が多い。かく言う私も母方のルーツは岩手県で、母方の遠縁の人々が今も岩手を中心とした東北地方や北海道にいる。

――人は、ほとんど誰しも、死ねば黄泉《よみ》の国へ下りていく。

黄泉比良坂《よもつひらさか》を上がって現世に戻るのは、古事記《こじき》の昔から禁忌のはず。禁は破られるためにある、と反射的に思うのは構わない。しかし、大多数の人が幽霊にも伊邪那美《いざなみ》（現代ならゾンビ）にも出遭わないまま一生を終えることには異論がないと思われる。

だが、ゾンビはさておき、幽霊と相まみえる能力の持ち主は、たまに存在する。

いわば彼らは、黄泉と現世の境目——黄泉比良坂にいるようなものだ。

そして、黄泉比良坂の才能は遺伝する。


五七歳の一雄《かずお》さんは東北のご出身。岩手県の山田町という漁港の町で生まれた。

彼が子どもの頃、同じ集落に男のカミサマがいて、毎朝、家に水を貰いに来ていた。

カミサマは祖母の血縁者という話だったが、仕事らしい仕事は何もしておらず、水道も井戸もない家で独り暮らしをしていた。年齢もよくわからず、祖母の従弟《いとこ》なのかハトコなのかも不明であった。そんな男なのに、しょっちゅう家に出入りして、家族全員と親しかった。一雄さんも懐《なつ》いていた。

カミサマは朝になると、桶棺みたいな大きさのポリバケツを台車に載せて通ってくる。

ある朝、彼はカミサマに「そんなにたくさん水を貰って、どうするの？」と訊ねてみた。

するとカミサマは「霊が飲むから一晩でなくなる」と答えたという。

「そうなんだ」と一雄さんは素直に納得した、
幽霊になって祖母に挨拶に来た兵隊が何人もいたと聞かされていた。

だから、カミサマの家に水を飲みにくる霊も、一柱や二柱ではないのだろうと思ったのだ。……祖母とカミサマは親戚なんだし。

祖母は大正生まれで、非常に芯の強い、しっかり者の女性だった。人情に篤《あつ》いところもあって、戦時中は水兵に家で食事を提供していた。

当時、山田港には海軍の基地があった。軍艦で若い兵士が何一〇人も寝起きさせられていると聞いて、彼女は哀れに思ったのである。士官は時折、港町で飲食や遊興を愉しんでいたが、位の低い兵卒は船から降ろしてもらえないらしい……。

基地に掛け合ってみたところ、日に一回。兵隊を家に上げて食事をとらせる許可が下りた。祖母はその頃三〇代で子育て中だったにもかかわらず、労を惜しまなかったという。

しかしながら、やがて軍艦は港を出て、若い兵士たちは何処かの海に散ってしまった。

終戦前のある夜、家に食事にきていた兵隊が祖母の枕もとに勢揃いして、居住まいを正して頭を下げた。そして口々に御礼を述べながら消えていったとのことだ。

――そんな祖母だが、今から四〇年ぐらい前に鬼籍に入った。

亡くなるしばらく前から隣の宮古市の総合病院に入院していて、ある日の明け方、穏やかに息を引き取ったのだった。

ところが、臨終するや否や山田町に帰ってきて、馴染みの商店や出入りの業者に片っ端から挨拶して歩きはじめた。

最後に、行きつけの花屋の店先を訪れて御礼を言ってお辞儀をすると、店の前のバス停から宮古市行きの路線バスに乗って立ち去った。

すべて白昼の出来事で、祖母の死を後から知った店屋の人々は、いたく感服したそうだ。

一雄さんは高校を卒業すると、宮城県で独り暮らしを始めた。

最初は大学の学生寮、新卒で就職してからは独身寮に住んだ。彼が働いていた会社は、地中を探査して水道管などの位置を調べては一種の地図を作製する、特殊な事業を行っていて、全国に支部があった。そこの仙台支部で配管の図面を書く仕事に就いたのだが、三〇歳のとき、同僚のAさんと共に山形支部に出向が決まり、月曜から木曜までは、山形県内の借り上げ社宅に二人で滞在することになった。

それは元は民家だったと思われる築三〇年ぐらいの二階建てだが、ごく小さな家で、浴室や便所、台所を除くと、一、二階に一間ずつしか部屋がなかった。

地中探査には作業用の機器がつきもので、図面を引くにも場所を取る。

そこで一雄さんとAさんは、一階の部屋を倉庫兼作業場にあて、二階を自分たちの居室にした。

相部屋は学生寮以来だったが、Aさんは好人物で気心が知れていたから、週四日の同居生活はむしろ愉しいものになりそうだった。

初日は運び入れた荷物を片づけて、明日からの作業工程の確認と準備に費やした。

二階の部屋は一二畳ぐらいの和室で、新しい蒲団を運び入れると、民宿のような雰囲気になった。すぐに使うから押し入れにしまうまでもないと思い、蒲団は二組とも畳んで重ね、部屋の隅に寄せておいた。

そのうち夜になり、Aさんもここに泊まるものだとばかり思っていたら、今日はどうしても仙台に帰りたい用があると言い、終電の時間を気にして、あたふたと立ち去ってしまった。

そこで彼は独りで二階に寝た。疲れていたので、枕に頭を着けるとすぐに睡魔に襲われた。普段から、熟睡して、自然と早朝に目が覚める、いたって健やかな性質《たち》だった。

しかし、そのときに限って夜明け前に起きてしまった。

叩き起こされたかのように、突然ハッと覚醒して体を起こすと、ちょうど視線の先にAさんの畳んだ蒲団一式があり、その上に、こちらに背中を向けて誰かが座っていた。

一瞬、Aさんが終電に乗り損ねるか何かして戻ってきたのだと思った。

だが、よく見ると髪型が違う。

Aさんは短髪であるのに対し、それは艶《つや》やかなおかっぱ頭だった。窓の障子《しょうじ》を透かして街灯の明かりが差し込み、光沢のある黒髪を浮き立たせていた。衿《えり》のついた白いシャツかブラウスを茶色いズボンにタックインしている。その上半身の小ささ。ウエストの細さ。

――女だ。どうして女が、こんな場所に？

驚いて声を掛けようとしたとき、華奢な背中の向こうに、襖《ふすま》の引き手が透けて見えているのに気づいた。

――幽霊だ！

幽霊を見るのは初めてだった。彼は、そのとき、憧れの存在にやっと逢えたような感動を覚えた。怖さは感じなかった。故郷では、幽霊は当たり前にいるものとして受け留められていたのだから。……祖母も霊になって挨拶回りをしたではないか。

せっかく遭遇した幽霊である。もっと近くで観察したかったが、一雄さんが蒲団から出る前に、煙のように消えてしまった。

翌日、戻ってきたAさんにこの話をしたところ、Aさんは「怖いなぁ」と緊張感のない口ぶりで言った。

「信じてないだろ？　全然怖がっていないじゃないか」

「いや、信じてるよ。そういう世界もあるんだろうと思っていたから、嘘じゃないのはわかる。見たら怖いと思うかもね？　でも、僕たちには見えないから大丈夫だ」

「え？　見たんだけど……。僕たちって何？」

「その他大勢の、ふつうの人間たちって意味だよ」

一雄さんは、ちょっとカチンと来て反論しかかったが、ふいに水を貰いに来たカミサマの顔が脳裏に蘇ってきて、何か納得してしまった。

そう言えば、カミサマはいつの間にか姿を消してしまったのだった。

誰も彼を探さず、年老いた猫が姿を隠したときのように……もしくは彼が最初から幽霊だったかのように、消えたことを誰もが静かに受け容れた。

――カミサマや祖母が持っていた特別な力を、僕も受け継いでいるのかな？

そう思うと自尊心がくすぐられ、祖母の形見だと思うと嬉しくもあった。

だが、それからしばらくして、幽霊が見える程度の霊感なんてさほど特別でもないのかもしれないと考えをあらためるような出来事が起きた。

仙台支部の上司が二人を訪ねてきたのだが、一階の倉庫兼作業場に案内したら、回れ右して社宅の外に無言で飛び出していってしまった。

一雄さんはAさんと顔を見合わせて、とりあえず上司を追って玄関の外に出た。

上司は、明らかに怯えて、血の気の失せた顔で社宅の建物を眺めまわしていた。

「どうされました?」と一雄さんが訊ねると、一、二度、唾を呑み込んでから「……外で話そう」と小声で応えたが、完全に腰が引けていて、帰りたそうに見えた。

「そういうわけにも」とAさんも困惑していた。「図面を見ていただきながらご説明したいこともあるのですが?」

「……嫌だ。おかっぱ頭の女が作業場の隅に立っていた！　あれは幽霊だ！」

怖がらなくてもいいのに、と一雄さんは思ったが、この上司は二度と訪ねてこなかったという。一方、Aさんと一雄さんは、その後、一度もここで幽霊を見ることはなかった。

カエル奇談

前項の一雄さんは古武道師範の免状を持っていて、現在は道場主として弟子に古武術を教えている。

極めたいと思ったのは古武道だったが、以前は他の武術や格闘技もなさっていた。

武の道に目覚めたきっかけは、大学で少林寺拳法部に入ったことだという。

当時の部活動に関わる奇怪な体験談があるというので、是非お聞かせ願いたいと申し出た。ところが、一応承知してくれたものの、インタビューを始めると、

「川奈先生にお聞かせする種類の話じゃないような気がするんですよ。あの頃の少林寺拳法部には、とんでもない通過儀礼がありまして……。たぶん、そこからお伝えした方がいいと思うのですが、何しろ、びろうなエピソードなので……」

と、モジモジしていて、なかなか先に進まない。

「大丈夫です」と私は彼を励ました。「私をなんだと思ってるんです？　海に千年、山に千年、おまけに里に千年いた三千年の妖怪ですよ。さあ、始めましょう！」

「……そうですか？　いいですか？　私の人格を疑わないでくださいね？」

「んもう！　早くしましょう。平気ですってば！」

そこで聴いたのがこれから綴るお話なのだが、読む前に、読者の皆さまにご承知願いたいことが三点ある。
①これは二五年以上前の昭和時代の逸話であり、衛生観念・若年者の人権・動物愛護精神・その他の良識の面で、現代人の常識と相容れない記述があります。尚、本稿の内容は、今の価値観に照らして非常識な振舞いを肯定するものではありません。
②一雄さん及び部員らの粗野で下品、時に残酷な言動は当時に限られたものであり、その後、時代の要請に従って同部の風紀があらたまり、彼らも模範的な社会人になっている、と思われます。少なくとも一雄さんの人柄については保証します。
③著者の人格を疑わないでください！

——昭和時代には、体育系の学生たちの多くが酷い通過儀礼を経験させられたものだ。

大学の運動部で新入部員は先輩にしごかれるのみならず、入部にあたって残酷な試練を与えられることも珍しくなかった。たとえば一気飲み、裸踊り、ケツバットなど。

一雄さんが某大学で入部した少林寺拳法部では、それが、カエル、ドジョウ、金魚を生きたまま食べることだった。

ただし高校を卒業したばかりの新入部員に無理強いしたわけではなく、それまで部の幹部だった大学三年生が二年生の新幹部と交代する「幹部交代式」において、幹部候補の部員に課せられたのだという。……それでもイカンと私は思うが。

今なら部員からＳＮＳに被害報告がなされて炎上しそうだ。昭和の頃は、そのような悪しき伝統が受け継がれ得た仕儀だ。

尚、昭和六一年、一雄さんが大学三年の幹部交代式のときに、この悪習は断ち切られた。ゲストとして日本少林寺拳法界の重鎮にして八段の達人を招いたところ、件の重鎮がカエル入りのグラスを見咎めて、「それは何か」と詰問。かくかくしかじかと説明した一雄さんたち現幹部を非常に激しく叱責したため、その年から行われなくなったのである。

「私はやらされ損でした」と一雄さんは苦笑していらした。「トノサマガエルをコップに入れて上から日本酒を注いだやつを、飲み干さなければいけなかったんです」

そういう問題ではなかったが、「せめてアマガエルなら」と私は彼に同情した。

「ええ。小さいからひと呑みにできそうですものね。トノサマガエルは大きくて脚力があるので、すぐにビヨ〜ンとコップから飛びだしちゃうんですよ。それを捕まえてコップに戻して口に押し込むわけですが、結局、生きたまま噛みちぎる羽目に……。生臭いわ、噛みちぎってバラバラになっても動いているわ、最悪でした……」

カエルの次はドジョウ。同じく喰い殺すほかなかった。

彼は「最後の金魚は丸呑みにできました！」と、往時の記憶を蘇らせて嬉しそうに言っていたが、もちろん、これもそういう問題ではない。

生きたカエルを喰い殺す通過儀礼を一年生のときから目の当たりにし（それでも退部せず）、自らもやらされて幹部になった部員たちは強い絆で結ばれていた。

大学四年生の七月下旬のこと。就活に卒論にと忙《せわ》しない（はずの）日々の合間にも、一雄さんたち少林寺拳法部のＯＢは頻繁に集まっていた。誰かの下宿に数名で押しかけて飲み会をする場合が多かったが、ある夜、なぜか怪談を披露し合うことになった。

このときは、現在、警察署長をしているＣさんのアパートに、一雄さんを含めて三人が上がり込んでいた。ちなみに四人とも部の元幹部、つまり「カエル殺し」だったという。

Ｃさんの怪談は、まず、巨大なカエルを斬り殺す場面から始まった。

舞台はCさんの実家がある山形県の山麓の村で、「つい最近の出来事」とCさんは言っていたそうだから、季節は夏。

——東北地方の山間部とは思えないほど蒸し暑い日だった。夕食後、夜風に当たろうと近所の峠道を散歩していたCさんは、信じがたいものに遭遇したのである。

最初は、猪《いのしし》の仔か野良犬かと思った。猫よりもひと回り大きな生き物が、月影の道にうずくまっている。立ち止まって見ていると、そいつが、ピョン、ペタリ……と前に跳ねた。

カエルだった。

ありえない大きさだ。そいつは一度跳ねると、またじっとした。

Cさんは急いで家に取って返し、鉈《なた》と懐中電灯を持って駆け戻った。

「なぜか、やっつけねぇとなんねぇって思ったんだよね」と彼は一雄さんたちに説明した。

「どうしても殺《や》らねばなんね！　……でも峠道に戻ったら、もういなかった」

そこで、やぶ蚊に刺されながら山に分け入って、巨大なカエルを探したのだという。

——なぜ突然、そんな猛烈な殺意に取り憑かれてしまったのだろう？

彼は、朝までかかっても必ず殺ると決めていた。夢中で笹を掻き分け、山奥へ……。

そして、数時間後、ついに見つけたのだった。巨大ガエルを彼は追い詰めると、渾身《こんしん》の力で鉈を振り下ろした。

カエルは一刀のもとに斬り殺された。カエルの生命力の強さは幹部交代式で思い知らされているが、こうも思い切り斬られてしまっては、さすがに生きていられなかったと見える。仰向けに転がって残った肢《あし》を震わせたと思うと、動かなくなった。

Cさんは「化け物を成敗したぞ！」と歓喜した。

そしてカエルの屍骸を藪の中に蹴り込んで、意気揚々と夜の山道を引き揚げた――。


急に一雄さんが黙ったので、私は催促した。

「それからCさんは、どうされたんです？」

正直、UMAじみた化け物ガエルを殺害しただけでは、怪談と呼べるかどうか微妙なところだ。まだ何かあるに違いないと予想していたのだった。

すると彼は「カエルの霊がCくんのところに復讐に来て、最後はカエルと霊能力者がバトルするスペクタクルなストーリーだったことは憶えているのですが……」と言った。

それは面白そうだ。ところが何やら雲行きが怪しい。一雄さんの口ぶりが言い訳めいてきたのである。「恐ろしい話で、震えながら聴いていたんですけど」といった調子で「ですが……」「ですけど……」を繰り返しはじめた。

ついには、「そして翌朝のことです」と時間を飛ばした。

「ちょっと待ってください！」私は驚いて彼を止めた。

「自来也の蝦蟇みたいなのと霊能力者の戦闘シーンが聴けるんじゃないかとワクワクしてるのに、どうして肝心なところを抜かすんですか？」

「……」

「とにかく聴いてください。……翌朝、私はCくんの下宿で共同便所を借りたんです」

「和式便所で〝大〟でした」

「……あのぅ」

「川奈先生、どうかお怒りにならずに！　私は起きた途端に猛烈な便意をもよおしてしまったんです。そして凄い量の糞をして、いつもの習慣で、どんなのが出たのか確認しようとして便器の中を見下ろしてみたら……カエルがいました」

「……えっ？」

「そうです！　いえ、生きたカエルじゃありません。糞のカエルです。私が出したものが、リアルなカエルの形になっていました。肢には逞《たくま》しい筋肉のシルエットが浮きだしていて、肢先には水掻きがありました。匠の技による見事な彫刻のようで、ただし片目でした。頭の左半分と左前肢が付け根から、スパッと斬り落とされて欠けていたのです」

一雄さんは、カエル型の大便を見下ろしながら、ふつうに水洗でジャーッと流すべきか、その前にCさんたちに見せるべきか逡巡した。

結局、次第に便臭が立ち上ってきて前者を選んだ。

「現在でしたら写メを撮れたのですが……。それからCくんの部屋に戻ってカエル型の糞が出たと話したら、最初はみんなに笑われました。でも、頭の左側と左の前肢が肩の辺りからバッサリ斬られて失くなっていたと言った途端、Cくんの顔色が変わりました」

——Cさんは顔面蒼白になって「俺は、そこまで話してないよな！」と叫んだ。

「なんでわかった？　脳天をカチ割るつもりで、大きく鉈を振りかぶって振り下ろしたとき軌道が少しブレて、頭の左半分と左の前肢の付け根に刃が喰い込んだんだ。そのままスパッと斬り落として……。家に帰って、俺は風呂に入った。そして湯船につかって何気なく窓の方を見たら……曇りガラスの外側に巨大ガエルが張りついていた」

左側の頭と前肢を失くした姿で、真っ白な腹を窓にベッタリとくっつけていたという。

「殺したカエルの格好を僕の糞が正確に当てたら、Cくんは、これはマジで怖くて面白い出来事だったから『あなたの知らない世界』に投稿したいと言いだしました。そして私の糞の話も含めて、本当に一本のストーリーを書きあげたんですよ。……で、それを封筒に入れて、その頃テレビで放送していた心霊特番『あなたの知らない世界』に投稿するつもりで……。ところが郵便ポストに入れようとすると、リュックに入れておいたその封筒が消えていました。……で、下宿に戻ると机の上に置いてあった。Cくんが、うっかり忘れていったのだと思いますよね?」

しかし二回目のトライで、再び封筒がリュックから消えた。

三回目には、直接手に持っていた封筒がポストに投函する直前に、魔法のように消え失せて、またしても勝手に下宿に帰っていた(カエルなだけに……)。

そのうえさらに妙なことがあった――Cさんの下宿で聴いた巨大ガエルの怪談に関する一雄さんたち三人の記憶が、急速に薄れてきたのだ。

怖かった、面白かった、という印象と、カエルを鉈で殺した序盤を除く、祟りの中身や、霊能者が登場してからの顛末は、数日もすると全然思い出せなくなってしまった。

Cさん自身も、細かいところから忘れだして、紙に書いたのを読み返さないと思い出せず、その記憶も、一日も経たずに消えてしまうようになった。

Cさんは次第に怖くなってきて、投稿を断念した。

他方、一雄さんは、カエル型の大便をした日から下痢に悩まされるようになった。

お盆の折に実家に帰省したときも、まだ腹の調子が思わしくなかった。

自ずと、しょっちゅうトイレを使い、手を洗う羽目になる。

よりによって水道の水の出が悪い。

東北地方では、冬季に水道が凍結しないように水道管を地中深くに埋設する。さらに屋外に水抜き栓という水止用の栓と逆流防止フィルター付きの筒を取りつけて、水を使わないときは、水道管から蛇口までの立ち上がり部分の水を抜いておく。

水抜き栓の筒の上部には、蓋を兼ねたハンドルが付いていることが多い。これを操作すると、水道管をぶち抜いた筒の栓が開く仕組みだ。

――八月に水道が凍りつくわけがないが、一雄さんは、とりあえず水抜き栓を調べてみようと思い、筒の蓋を開けてみた。

すると、底の方に肥ったヒキガエルが二匹もうずくまっていた。

水抜き栓には、こんなに大きなものの侵入路はない。わざと蓋を開けて筒に放り込みでもしない限り、ヒキガエルが二匹も入り込むはずがなかった。

——カエルたちを取り出して地面に下ろすと、仲睦まじいようすで肩を並べてピョンピョンと跳ねて、庭木の奥へ消えていったという。

その夜から彼の腹下しは快復した。

以後、カエル絡みの珍事は何も起きていない。

Cさんと他の二人も無事で、皆さん、ちゃんとした大人になった。

滝不動の剣

山形県の上山市という場所がある。上山と書いて「かみのやま」と読む。「かみのやま」の末広滝《すえひろだき》と書くと、神さまの山の末広がりの滝みたいで縁起が良さそうだが、そこには全国的に有名な心霊スポット「滝不動」こと「末広滝不動明王」があった。

あった、と過去形にしたのには理由があり、出入り口が閉鎖されて、お堂などの施設があらかた撤去されてしまったからだ。遅くとも二〇二一年の夏頃には完全に立ち入り禁止になっており、さまざまな現代怪談の舞台になってきただけに、少しネットでリサーチしただけでも、惜しむ声が散見された。

WEBサイト《全国心霊マップ》には、こんな怪異の噂が紹介されていた。

・祠《ほこら》の中に落ちている鈴を拾って帰ると祟られる
・境内で愚行を犯した者には死／怪我／事故が待っている
・滝の近くの剣に触れると体調を崩す

・誤って草刈り鎌で首をはねられた赤ちゃんの霊が現れる／泣き声が聞こえる
・車の窓ガラスに無数の赤ちゃんの手形がつく

心霊スポットを紹介する他のサイトやＳＮＳ、オカルト情報を掲載している書籍も調べたが、ここで起きたとされる現象は似たり寄ったりだった。

そして、これらの怪現象を呼ぶ原因は以下の二つの「史実」だとされているが、事実であるとする証拠はいずれも乏しい。
①自分の赤ん坊を背中に負ぶって農作業をしていた女性が、持っていた草刈り鎌でうっかり赤ん坊の首を刎《は》ねてしまい、自らも鎌を使って後追い自殺した。この母子の菩提を弔う地蔵尊が滝不動にあって、「首なし地蔵」と呼ばれている。
②ここは江戸時代の処刑場跡地。奉納されているのは斬首に使った刀である。
――さて、前々項から登場していただいている現在五七歳の一雄さんは、大学卒業後に就職した地中探査の会社を三四歳で辞めて、宮城県内の自動車学校の指導員と自分の道場を構える古武術師範の二足の草鞋《わらじ》を履いた。

一〇年ぐらいすると、指導員としても道場主としても評判が安定してきた。ことに、彼は非行少年に教えるのが上手いと言われ、また、不良っぽい若者たちから慕われるようにもなった。自動車学校で生徒だった子が道場にも通いはじめ、しばらくすると見違えるような礼儀正しい青年となって更生する——場合もあった。

一向に悪さをやめられない若者もいた。Bさんも、その一人だった。

Bさんは暴走族だった。両親も元暴走族で、特に母親はレディースから足を洗ったとは思えないルックスをキープしつつ今でもバイクをかっ飛ばしているという筋金入り。

自動車学校に入学してきたときは、見るからに凶悪な面構えで、ヒグマを想わせるたいへんな大男でもあり、さしもの一雄さんも、手を焼きそうな予感がした。

入学の動機については、暴走行為による免許取消の欠格期間が明けたので中型二輪免許の再取得を目指すついでに、「中免しか持ってなかったんで、この際、大型二輪と普通自動車の免許もほしいなぁ」と言うのであった。

しかし彼は、なかなか進級できなかった。実技は巧みだが荒っぽく、遅刻や欠席も目立ったのだ。三ヶ月でやっと中免を再取得できたが、そこから先に進めない。

それでも褒めたり励ましたりしていたら、あるときBさんの方から「先生、いい体してますね」と話しかけてきた。

そこで、実は古武術の有段者で道場主でもあるのだと打ち明けて、近く出場が予定されていた大会について聞かせたところ、一雄さんに一目置くようになったようだ。

入学から三、四ヶ月もすると、すっかり打ち解けて、「俺も古武術やろうかなぁ。先生みたいに強くなれっかな?」などと可愛いことを言いだした。

「おう! なれる、なれる! うちに来るか?」

「どうしようかなぁ。バイト増やさないと……。ゴールデンウィークの後で考えるわ」

その頃、間近にゴールデンウィークが迫ってきていた。

「おい、また仲間と、どこか行くのか? 気をつけろよ!」

「うん。山形の方で集会があるから。ついでに観光してくるつもりだ!」

授業が終わると「じゃ、先生、バイバーイ」と元気に手を振って去っていった。

翌日、「Bがバイクで事故った」という知らせが、自動車学校の教え子から届いた。

「岩手と宮城の県境の○○病院に入院したけど……もう駄目かも……。Bが認めてたのは家族とダチ以外で先生だけだったから、会いに来てやってください!」

一雄さんは○○病院に駆けつけたが、Bさんは頭を強く打っていて意識がなく、自発呼吸もできない状態で、顔も原型を留めていなかった。

「どうしてこんなことに……」

呆然とする一雄さんに、一報を寄越した教え子が説明した。

「自分もBに誘われて集会に参加しました。それで、帰りがけに、みんなで滝不動に行ったんです。あそこは有名な心霊スポットだから……」

やがて彼らは、滝の付近の岩場に、いわくありげな剣や刀の本身が何本か突き立ててあることに気づいた。

「エクスカリバーじゃん！」と誰かが言った。「引き抜くと伝説の勇者になれるやつ！」

それを聞いて、Bさんが「マジかよ」と目を輝かせた。

彼は大柄なだけに、たいへんな力自慢だった。

「俺なら抜けんじゃね？」と言って、特に長くて重そうな一本の剣に両手を掛けた。

――剣は、スルリと岩から引き抜けた。

「なんだ。簡単だったぞ」

Bさんは、はしゃいで剣を振り回した。ふざけて仲間に切っ先を突きつけて脅すふりをしたり、その辺の木の枝に斬りつけたり、小学生みたいに好き放題に暴れて、「持って帰ろうかな？」と欲しそうにしたので、仲間たちはゲラゲラ笑った。

「バーカ。銃刀法違反で捕まるよ」

「そうかぁ……。じゃあ、しょうがないな！」

Bさんは剣を、突き刺さっていた元の場所に戻さず、適当にその辺に投げた。

剣はガッと岩に当たって跳ね返り、水の底へ――。

事故に遭ったのは、それから間もなく後だった。

一部始終を目撃していた教え子は、Bさんの両親がいないところで、こっそりとこんなことを一雄さんに打ち明けた。

「Bは、急にハイサイドを起こしてバイクから放り出されたんです」

「単独事故なんだね」

「はい。バイクの制御が効かなくなって、前の方に投げ出されて……山側の壁に頭から激突しました。それで地面にグシャッと落ちたところへ、横倒しになったバイクが路面を滑ってBの顔めがけて突っ込んでいったんです。一瞬でした」

――Bさんは、事故から約一週間後の五月七日に病院で息を引き取った。

葬儀の前日に、なぜか自動車学校でBさんのノートが見つかり、一雄さんの手もとに届けられた。

非常に意外なことに、とても几帳面にメモが取られていた。

Bさんは中免の再テストすら何度か落ちていた。勉強は苦手だったはず。でも彼なりに努力していたんだ……。

字がびっしり書き込まれたページを捲りながら、一雄さんは深い感動を覚えた。

それだけに悲しみもひとしおで、葬式の後でBさんの母親にそのノートを手渡すとき、涙が止まらなかったという。


一雄さんは「Bさんは奉納された剣を岩から引き抜いてふざけたから、バチがあたったんでしょう」と仰っていた。

如何《いか》にもそんな印象を受ける話だが、忽然とBさんのノートが現れたのが偶然ではなく奇跡だとしたら、どうだろう？

そして帰り道の単独事故が祟りではなく、不運な偶然だったら？

Bさんは生前から、なんらかの形で一雄さんに誠意を見せたかったのではないか。

彼は本当にまじめに授業を受けていた。そのことを知ってほしかったのだとしたら？

超常的な存在に後押しされて、彼の遺志が実現したようにも思えるではないか……。

滝不動は多くの謎を残したまま閉鎖され、忘れ去られようとしている。

滝壺の岩場や水辺の祠に、抜き身の刀や両刃の剣が祀られていたのは間違いない。

しかし噂されていたように、それらが処刑場で斬首に使われたものかは、なんとも言えない。滝不動が処刑場跡地だったかについては、さらに疑わしい。

なぜなら、滝不動周辺ではなく、上山市内の別の場所に処刑場があったと記された古文書が存在するのである。

――ただし、そこは滝不動から比較的近く、末広の滝とは、水で繋がる所でもある。

滝不動は、荒町川《あらまちがわ》という川の渓谷に設けられていた。

これを下流へ二・三キロ進んだ付近に現存する寺院の裏に、百姓一揆《いっき》の首謀者らを斬首した刑場が作られた――と『深秘奥海道五巴《いつつともえ》』などの古文書に記されているとのこと。

その内容を収録した『上山市史　上巻』（第五章　飢饉《ききん》と一揆）によれば、一七四七年（延期四年）、当地の上山藩では大規模な百姓一揆が起きたそうだ。

首謀者と目された牧野村（現 上山市牧野地区）の庄屋・太郎右衛門ら五名が打ち首と

なり、うち三人は獄門晒《さら》し首となった。

牧野村庄屋太郎右衛門屋敷跡には、非業の最期を遂げた太郎右衛門を弔う神社（五巴神社）が建てられ、上山市の指定文化財となっている。

処刑は、最後の取り調べを行った牢屋の裏で行われた。

この牢が、末広の滝から下流へ徒歩で三〇分ぐらい下がった辺りに存在していたとのこと。そこは現存する某寺院の真裏で、寺の名前や場所についても古文書に書かれている。

つまり、以上は確かな史実なのだ。

——しかし、そうだとしても、Bさんがいたずらした剣が、実際にそこで使われたものだと決めつけるのは早計すぎると私は思う。

まったく異なる理由から、剣や刀が奉納されていた可能性が考えられるからだ。

古来、日本では、剣や刀は、水蛇転じては龍の化身だと信じられてきた。

滝をご神体とするお社であれば、水神である龍を崇めるために刀を奉納するのは自然なことだ。実際、そういう神社などが各地に見られる。

近在の刀鍛冶や武士たちが、不要になった刀身を納めたのかもしれないではないか？

強大な力を持つ水神であれば、Bさんの悪さを見咎めることなく、寛容に、むしろ来てくれた直後に事故死した彼を憐れんで、助けてやったのでは……。

尚、上山市は、うちの近所に歌碑やお墓がある斎藤茂吉《さいとうもきち》の生家跡も、市の文化財に指定している。斎藤茂吉は、昭和六年に帰省した折に滝不動の近辺を連日散策し、「ひむがしの蔵王の山は見つれどもきのふもけふも雲さだめなき」という歌を詠んでいるという。

――東の方角に蔵王の山を見ているが、昨日も今日も雲の行方が定まらない。

結論は判然としなくとも、佳い景色は、そのまま素直に眺めた方がいいように思う。

霊道エレベーター

聴美《さとみ》さんが今の会社に移って、ちょうど一〇年経った。

企業としての規模は大きくないけれど、都心の一等地のビルにオフィスがある。モダンな美しいビルで、新築だった七年前に社が移転してきたのだ。

ビルは八階建てで、会社は二階のワンフロアを借りている。

裏に非常階段はあるが、通り沿いにくっつきあって建物が並んでいるので、容易に裏口に行けない。

ビルの表玄関から入ると、自ずとエレベーターを使わざるを得ない感じだ。

入って真正面に、エレベーターが二基並んでいるのである。

七年前、ここへ来て初めて、向かって右側のエレベーターを使ったとき、中に誰かが立っているような気配がした。

いや、乗り込む瞬間には、たしかに誰か立っていたのだ。

ところが、乗ってから前に向き直るほんのわずかな間に、フッと姿が消えてしまった。

そこで彼女は「今のは気のせいだった」と思うことにしたわけだ。

しかし、それからも右のエレベーターに人が乗っているような感じがした。でも、あらためて見ると、誰もいない。

――こういうことが頻繁にあった。

また、しばらくすると、見えているのは自分だけではないようなのがわかってきた。

たとえばある朝、出社してビルに着くと、エレベーターが二基とも上の方の階にあった。左のエレベーターは上で止まったきりなかなか動かない。右は、上昇ボタンを押す前から、エレベーターの上部に点灯している階数標示が動いていた。

上から下へ……。順調に下りてきて、ほどなく扉が開き、ときどき見かける他のテナント会社の女性社員が降りてきた。

なぜか後ろを振り返って「えっ?」と小さくつぶやきながら、目を丸くしている。

入れ違いに聰美さんが乗るときも、再び振り返って、また「えっ?」と首を傾げた。しかもエレベーターのドアが閉まるまで凍りついたように立ちすくんで、じっとこちらを見つめている。非常に気になったが、彼女と入れ違いに乗ったのは聰美さんだけで、エレベーター内に何か落とし物があるわけでもない――。

こんな出来事が頻繁に起きるうちに、右のエレベーターに乗っている何者かが、次第にはっきりと見えてきた。怪しい気配を感じ取ったとき、そちらに意識を集すると、人の形をした黒っぽい影がもやもやと現れるようになったのだ。

とはいえ、人間らしい大きさと、頭、手足、胴体がわかる程度で、服装や顔の造作まではわからない――そういう状況が長く続いた。

事態が変わったのは、今から二年前の八月のことだった。

もうじき盆入りという時季の正午過ぎ、近くのコンビニに昼食を買いにいって戻りかけると、自分の何人か前を、白っぽい着物を着た男が歩いていた。

この界隈には堅めの会社が入ったオフィスビルが集中している。平日の昼間に歩いているのは、一見してビジネスマンとわかる者ばかりだ。

単衣《ひとえ》の白大島か何か……高級感のある涼し気な着物を着こなしているというだけでも人目を引く。さらに、その人は身長が一八〇センチぐらいありそうで、後頭部の毛が薄く、残った毛は白髪だった。老人だと思われる。だが、それにしては背が高い方だ。

真っ白な足袋《たび》に、新しそうな草履《ぞうり》を履いている。よく見ると、うんと細かな茶色い十字柄が着物に織り込んであり、同じ色の帯をキリリと締めて、とても粋だ。

しっかりした足取りで、痩せ型だけれど矍鑠としている。

同じ方向に行くので必然的に、後ろ姿の全体が目に入っただけだが、見れば見るほど「何者かしら」と好奇心が湧いて、つい、じいっと注目した。

とはいえ、ほんの二、三分で、すぐに会社のビルのすぐ手前に到着してしまった。

老人と彼女の間に最初のうちは二、三人歩いていたのだが、ここに来るまでにバラけて、いつの間にか視界を遮るものがなくなっている。

歩道の右に沿って建物が並んでいる。つまり聴美さんの会社のビルに入るには、右に向きを変えることになる。

——前方の老人が、右を向いた。

額が秀でた鷲鼻《わしばな》の横顔がチラッと見えた。すぐにビルの入り口に吸い込まれていく。

聴美さんも後に続いてビルに入った。

真正面にエレベーターが二基あり、エレベーターホールには人影がなかった。

さっきの老人はいない。息を呑んだそのとき、右のエレベーターの扉が開いた。

急に頭がぼんやりしてフラフラと乗り込むと、無人の空間に線香の匂いが漂っていた。

邪恋

神社でおみくじを引くと、たまに《邪恋に身を誤らず神様のお心に添えば幸せあり》と書かれている場合がある。恋愛中だったりするとケチを付けられた気がして、本当はいけないことかもしれないが、続けてもう一回、引いてみたくなる。

私が昔やってみたところ、二回目には《成就する》と出た。

おみくじなんていい加減なものなのか、それとも、神さまに逆らうほどのド根性を見せたことで、邪恋が正しい恋に直ったのか——などと、手前味噌な枕を長々と書くつもりはなくて、果たして邪恋とは、どのようなものか考えていた次第だ。

邪恋は「道に外れた恋愛」という意味。当然いくつもバリエーションがある。

たとえば、藤田宜永《ふじたよしなが》の小説『邪恋』は、妻がありながら肢のない女に恋をする義肢装具士の話だ。彼は母親にエロティックなコンプレックスを抱いており、正妻の他に長年の愛人もいる。邪《よこしま》な恋の見本市みたいな男で、現実にいたら、どの女からか、もしかすると全員から、慰謝料やら示談金やらふんだくられるのがオチだと思う。

一方、歌手の山本和恵《やまもとかずえ》の歌謡曲『邪恋』は、同じ邪な恋でも、玄人《くろうと》の雰囲気が漂う元愛人視点で語られている。久しぶりに訪ねてきた男のグラスにウイスキーを注ぎ足しながら、かつての別れの場面を回想して「今はもう過去の恋」と自分に言い聞かせたかと思うと「いいえ嘘。忘れないわ」「好きよ……灰になるまで」と想いは千々《ちぢ》に乱れるのだ。

可愛い女と思うか、執念深くて怖いと思うかは、あなた次第。

恋に妄想はつきもの。叶わぬ恋に身を焦がすだけで済めばいいが、邪恋に取り憑かれたらどうなるか？　ストーカー事件へまっしぐらだ。

——嫉妬の炎を燃やすのも、ほどほどにしなければ邪恋ということになるだろう。

前項「霊道エレベーター」の聰美さんからお話を聴いた。

今から一六、七年前の出来事だ。

当時、彼女には、高校時代から付き合いのあるA子という女友だちがいた。

高校時代のA子は、派手なメイクやセクシーなファッションを好んだ。如何にも遊んでいる風だったが、実は私生活はまじめで、格好だけだった。

そのため、A子が将来はメイキャップ・アーティストを目指すと宣言したとき、聰美さんは大いに納得したものだった。

A子は高卒後は専門学校を卒業して大手化粧品メーカーに就職し、それからも努力を重ねて、早々に仕事でメイクの腕前を発揮する機会を得た。

その頃まだ大学生だった聰美さんは、夢に向かって邁進《まいしん》するA子のことが眩しかった。尊敬していたし、自慢の友だちだと思っていた。

——だからA子の悪癖である長時間のおしゃべりにも耐えられた。

高校の頃から口数が多く、いつもA子の方から会話を始めた。それが、卒業後は電話に置き換わっていた。つまりA子は、毎晩のように電話を掛けてくるようになった。しかも話しだすと止まらない——。

やがて二人は二三歳になった。


聰美さんは、新卒採用された会社で二年目を迎えていた。

就職してからこの方、神奈川県内の実家から、片道二時間もかけて、東京の都心にある会社へ電車通勤してきた。心身ともに次第に疲れが溜まり、そのせいで、連日のA子の長電話に嫌気が差してきたのかもしれない。

それとも、だんだん話が合わなくなってきたせいだろうか？

A子は今でも夢を語っていて、最近は、舞台メイクの勉強をしていると言っていた。

もちろん応援する気持ちはあるけれど、そのために、A子は会社を辞めてしまったのだ。

会社員同士なら何かと共通の話題も見つけやすいし、生活時間帯も重なるのだが……。

無職になったA子は、日中でも連絡を入れてくる。

仕事が終わって、昼間にA子の着歴が入っているのを見ると、心の底からうんざりした。

後で電話してあげようとは思うのだ。事実そうしてきた。

だが、なぜ短くて貴重な夜のひとときを、A子なんかに捧げなければいけないのか、毎回、納得がいかない気持ちだった。A子の電話は二時間を超えることもざらなのだ。

——その夜も聰美さんは、溜息をつきながらA子に電話した。

「ああ、聰美！　あのね、ちょっと頼みたいことがあって電話したの！」

聰美さんは「おや？」と内心思った。これは珍しい。いつもは用もなく電話を寄越すのに。「どうしたの？」と彼女は訊ねた。

「うん、あのさ、ビジュアル系バンドの人を誰か紹介してくれない？　聰美なら知り合いにいるでしょ？」

「ああ、うん」

――学生時代に時間が引き戻される気がした。A子が言うように、以前はロックバンドをやっている仲間が多く、よくライブハウスに出入りしていたけれど。

「音楽関係の人たち、最近は前ほど親しくしていないんだ。ビジュアル系は一人しか知らないし……。でも、やめておいた方がいいよ。ホストクラブでバイトしてるんだって」

「わあ、聰美、そういうこと言っちゃう？　それって差別じゃない？」

――明るい声で無邪気に指摘されると、なんだかムカついた。

そのビジュアル系バンドマンは、人に紹介したいタイプの人間ではなかった。

ホストクラブにファンの子たちを来させて大金を使わせ、そのために風俗嬢になった子がいると笑って吹聴しているのを知っていた。

ライブハウスの店長から引き合わされたのだが、個人的に連絡を取り合ったことは一度もない。

「ホストには悪い人間も多いからさ……」

「性格なんてどうでもいいよ。メイクのモデルになってくれたらOKなのよ。今、自分の作品のポートフォリオを作ってるんだ。一応、時給は払うつもりだよ？　美形だと嬉しいな。でも素がアレでも化粧映えすれば充分。その人から衣裳も貸してもらえるかな？　どんなタイプのバンド？　ビジュアル系もいろいろじゃん。ゴシック系？　それとも」

「ちょ、ちょっと待って！　そんな、どんどん言われても。……わかった。紹介する」

A子は歓声をあげて喜んだ。

「本当にメイクのモデルを頼むだけなんだよね？」と聰美さんは念を押すように言った。

「そうだよ？　……あれ？　もしかして聰美、その人のこと好きなの？　だから私が近づきすぎないように予防線を張ってる？　そういうの、わかるんだからね！」

「違うよ！　……そんなこと言うなら紹介しないよ？」

「ごめんごめん！　冗談だよ」

こういう次第で、聰美さんはA子に件のビジュアル系バンドマンを紹介した。

紹介と言っても、メッセージのやり取りで済ませた。件のバンドマンに再会したくなかったし、そんなことのために時間を割くのもわずらわしかったのだ。

紹介した翌日、A子は連絡を寄越さなかった。嫌いなバンドマンの話題を振られることを覚悟していた聰美さんはホッとした。

その翌日もA子は連絡してこなかった。さらに三日目になっても……。最後に電話で話してから日が経つにつれ、聰美さんは心配になってきたけれど、同時に、A子から解放されて心が軽くなっている自分に気がついた。

——私はA子のことが嫌いだったのかもしれない。

連絡がないまま一週間、二週間と過ぎていくうちに、あの嫌なバンドマンと一緒に、A子も過去の人として意識の外へ追いやってしまいたいとすら思えてきた。

聰美さんが、二三歳にしては良く言えば堅実、悪く言えば考え方が古く、むしろA子の方がふつうじゃないかと思われる読者さんもいるかもしれない。

聰美さんが年齢より大人びていた理由は、その生育歴から推しはかれるように私は思う。物心つく前に両親が離婚。父に引き取られて、実母と再会することなく、父方の祖父母と父と暮らしてきたが、大学卒業直後に、祖父母がほぼ同時に倒れてしまった。間もなく祖父が亡くなり、祖母は老人介護施設に入所した。従って、当時は父と二人暮らしで、二人分の家事と飼い犬の世話の大半を彼女が負担していたのである。

その上、彼女の父には健康上の重大な不安があった。事実、それから何年か後に、彼は早すぎる死を迎えた。彼女が同世代の若者よりも老成するのも、無理はなかったのだ。

A子の長電話に悩まされなくなって三週間あまり後の深夜零時――。

季節は夏で、蒸し暑い夜だった。シャワーを浴び終えて、一階ですでに熟睡している父と飼い犬の目を覚まさないよう、足音を忍ばせて二階の寝室に戻ったら、携帯電話の通知ランプが点灯していた。

見れば、あれ以来一切、音沙汰がなかったA子からメールが届いていた。

あのバンドマンと何かトラブルになったのではないか……？

嫌な予感に胸をざわつかせながら、メールを開いた。

すると、液晶画面に五、六行のメッセージ表示がされるや否や、激しい立ち眩《くら》みに見舞われた。携帯電話を取り落とし、思わず頭を抱えてうずくまる。

屈んだら、今度はいきなり睡魔が襲ってきた。たまらなく眠い。テレビドラマで、薬を一服盛られた人が急に眠ってしまう場面を見たことがあるが、ちょうどあんな具合だ。

事実、一瞬意識を失っていたようで、床に転がった携帯電話のバイブレーションが伝わってきて、ハッと覚醒した。

さっき落とした携帯電話を再び手に取ると、A子の電話が着信したところだった。

「……はい」

「久しぶり。メール読んだ？　電話してって書いたんだけど」

「ごめん。読もうとしたんだけど、急にクラッとして……」

A子の声を聴いた途端に、再び眠気がぶりかえしていた。

「風邪でも引いたのかな？　今夜は無理。ごめんね。猛烈に眠くて……」

「じゃあ、これだけ聞いて！　私、彼のことが好きになっちゃったから、もう、モデルとメイクの関係ではいられないから！　いい？　わかった？」

叩きつけるような口調でまくしたてられて、聰美さんは戸惑った。

「う、うん。わかったけど、なんで怒ってるの？」

「本当にわかってるの？　聰美は、ああ言ってたけど、無理だから！」

「えっ？　私、この件でA子に何か言ったっけ？」

「忘れたの？　彼には仕事を頼むだけにしろって言ったでしょ！」

「ああ、あれ……。あのときは心配だったから……。全然気にしなくていいよ！　明日ちゃんとメールを読むから、今夜はもう寝るね？　おやすみ……」

「本当にメール読んでよね！」

翌日は土曜日で、月曜まで定休日だった。聰美さんは家事や犬の散歩といった朝のルーティンが一段落すると、ソファで携帯電話を手に取り、A子のメールを開いた。

途端に意識が飛びそうになった。

――昨夜と同じだ。眩暈《めまい》が来て気が遠くなり、次いで強い眠気に脳をわしづかみにされる。頭の中に霞《かすみ》が掛かって、起きていられなくなるのだった。

携帯電話を放り出すと、眠たさがいくらかマシになった。恐るおそる拾いあげて、試しにA子のメール以外のものを眺めてみると、気分よく見られる。

これなら大丈夫だろうと思い、A子のメールを開いたところ、また倒れそうになった。

――A子のメールだけ何かおかしい。でも、こんな奇妙なことってあるかしら？

かろうじて冒頭の一行だけ、読むことができた。

《お久しぶりです。お元気ですか》

A子にしては他人行儀だが、ふつうの挨拶だ。

それに続く五行ぐらいの、長くもない文章が、どうしても頭に入ってこない。

一行一行も短い、ということはわかった。「電話してって書いた」と昨夜A子は言っていたから、要件は電話で済ませるつもりだったのだろうか？

だったら電話で話を聞いてあげたから、もう気が済んでいそうなものだ。

だが、昨夜も「本当にメール読んでよね」と強く迫ってきた。

――A子はこのメールに何を書いたんだろう？　気になる。

聴美さんは、もう一度挑戦してみたが、読もうとすると、やはり意識を保てない。

読めないとなると、余計に何が書かれているか知りたくなった。

そこで、信用できる人に代わりに読んでもらうことを思いついた。

しかしA子に知られたら気を悪くされるに決まっているので、A子と接点のない者がいいと思い、頭に浮かんだ三人に、手紙を付けて例のメールを転送した。

《このメール、なぜか私には読めないんだけど、送り主に読んでほしいと言われて困ってます。代わりに読んで内容を教えてもらえますか？　お願いします》

正午ぐらいまでに、三人からそれぞれ返信が届いた。

B《ごめん。二回試してみて二回とも目を開けていられなくて読めませんでした。なぜ

か眠くなっちゃうんだけど、どういうこと？　不思議すぎる！》

Ｃ《このメールは開いてはいけません。実は私には霊感があって、これはダメだと直感しました。対処方法を教えられるかもしれません。送り主はどんな人ですか？》

Ｄ《やってみたけど開こうとしたら急に眠たくなったから、怖くなってやめちゃった。これは良くないものだと思う。大丈夫？　誰かに嫌がらせとか、されてない？》

尚、Ｂさん、Ｃさん、Ｄさんはお互いを知らず、口裏を合わせることができない。

それなのに、ＢさんとＤさんは、聰美さんと同じく眠くなったという。

また、Ｃさんはこのメールを見てはいけないと警告してきた。

聰美さんは、このメールについて、Ｃさんに相談することにした。

Ｃさんにメールで事情をくわしく説明すると、すぐに返信があった。

《原因はＡ子さんの嫉妬です。紹介したバンドマンから聰美さんを遠ざけたいのだと思いますが……。ともかく悪い念がこもったメールです。すぐに削除した方がいいけれど、削除した途端、呪い返しでＡ子さんが酷い目に遭うかも……。メールを削除する前に、彼女に邪気払いのお祓いを受けてもらえれば、二人とも無事で済むと思います》

――メールを削除すれば、呪い返しでA子が酷い目に？　呪い返しを避けるためには、メールを削除する前にA子にお祓いを受けさせろですって？

裏を返せば、このメールにはA子の呪いが籠められているということだ。

次第に黄昏《たそがれ》が迫ってきていた。

聰美さんは二階の自室から一階へ下りた。父は今日も出勤していたが、土曜日は比較的、帰りが早い。帰宅する前に部屋を整えて、夕食の支度をしておいた方がいい――。

外に干していた洗濯物を取り入れ、和室でテレビを観ながら畳みはじめた。

ここは以前、祖父母が使っていた部屋だ。隣は洋室のリビングダイニングで、大きな掃き出し窓があり、襖を開けておけばこの部屋からも庭が見える。

犬を室内で飼っているせいもあって、祖母が施設に行ってから、和室の襖は閉めたことがなかった。リビングダイニングは、一方の端が玄関ホールを兼ねており、玄関の反対側の端は浴室へ続く廊下に繋がっている。

廊下の手前にアイランド型のキッチンがあって、開放感がある現代的な造りだ。

――ふと、飼い犬の姿が見えないのに気づいた。

いつもなら、邪魔なぐらいにつきまとって、そばを離れないのに。

テレビを消して名前を呼んでみたが応えはなく、家の中はシンと静まり返っていた。

まさか外に閉め出してしまったのでは？　少し心配になってきて、リビングダイニングの掃き出し窓の方へ行きかけたとき、視界の隅で何かが動いた。

廊下の方だ。

犬だろうと予想しながら反射的にそちらを振り向いて、聰美さんは全身を凍りつかせた。

廊下の出入り口から、人間の輪郭を持った黒い影がリビングダイニングに足を踏み入れようとしていた。しかも、その後ろに同じような黒い人影が何人も、廊下の奥まで列を成して連なっているではないか。

聰美さんは腰を抜かして床にへたり込んだ。驚愕のあまり声も出せずにいると、目の前を影が横切っていった――次から次へと。

人型をした影は、廊下の奥の窓からどんどん侵入してくるようだった。やや摺り足気味に、玄関の方へ向かって、のろのろと歩いていく。

これだけ大勢いるのに物音ひとつ立てない。彼らが現れてから、かえって静寂の重みが増したほどだ。

やがて先頭の人影が玄関に近づいた。固くて分厚いオーク材の扉が閉まっているのだが、それが目に入らないかのように、歩調を少しも緩めない。

その瞬間、扉が液体に変化した……わけがないのだが、そいつは、やすやすと扉に没入して消えた。外へ擦り抜けていったのだ。

続いて一人、また一人と扉の向こうへ消えていく。

行列は果てしなく続いた。

——携帯電話の着信音で我に返った。

洗濯物を畳んでいた和室の卓袱台《ちゃぶだい》の端で、携帯電話が振動しながら音を発していた。

それが合図になったのだろうか。突然、黒い人影の行列が消え失せた。

いつの間にか、とっぷりと日が暮れて、掃き出し窓から見える庭が宵闇に沈んでいる。

聴美さんは震える足で這うように和室に戻り、ある予感を抱きながら携帯電話を開いた。

——A子からの電話だった。

意を決して通話ボタンを押した。途端に眩暈が襲ってきて意識が遠のきかけるのを、必死でこらえた。

「A子、お願い。お祓いに行って！　お寺か神社で、邪気を祓ってもらって！」

それだけ言うのが精一杯だった。

電話を切り、家中の明かりを点けてまわった。

すると、軽い足音を立てて、愛犬が小走りにやってきた。

しゃがみこんで抱き寄せ、頬擦りをしていると、だんだん力が湧いてきた。

そこで再びA子に《お祓いに行ってください》と、今度はメールで告げた。

即座に返信があった。《お祓いしてもらってきたよ》と、一行だけ。

気力を振り絞って読んだが、一秒もかからずお祓いに行けるわけがない。猛然と怒りが込み上げ、すぐさま、A子からのメールを全て削除した。さらにA子を着信拒否にしたところ思いがけないほど心が軽くなり、犬が彼女を見て急に尻尾を振りはじめた。飼い主の気分の変化を敏感に察知したらしい。

「さ、変なことはこれでお終い！　急いでゴハン作ろう。おまえもお腹が空いたよね？」

こうして聰美さんは穏やかな日常を取り戻した次第だ。しかしA子はその後、件のバンドマン共々、消息不明となった。二人とも未だに行方がわからないとのことだ。

サンメ

現在五七歳の音弥《おとや》さんは、千葉県の外川《とかわ》漁港で育った。

彼が子どもの頃は、中年より上の世代は濃い銚子《ちょうし》訛《なま》りを喋っていた。二五歳のとき数年ぶりに帰省したら、その懐かしい言葉で、近所のおばちゃんがさっそく話しかけてきて嬉しくなった。

「あんだ、やんぼうけ（あら、やんぼう＝弥ん坊か）！　まあ、おがえんなさい！」

おばちゃんは、倉庫と倉庫の間の通路に立って、こっちを見ていた。

通路と言っても、幅一メートルぐらいの隙間で、薄暗い。

なんでそんな所にいるんだと思った。音弥さんと連れが歩いてきた、海辺の町特有の明るい陽射しに照らされた道に、おばちゃんも出てきたらいい。そこにいられると、立ち話をするにも通路を覗き込まないといけない。

だが、おばちゃんは、こっちに来ようとはせず、「すっかり立派になっただな！　最近あじょう？（最近はどう？）」などと重ねて話しかけてくる。

「俺ぁ元気だぁ。おばちゃん、顔がちいと影になって見えづらいど？　こっち出てきなよ」

「日向は暑くてしょうねぇだ。ここがええ」

「まあ、だな。じきにお盆だぁ。おばちゃんところは、みんな元気にしてっか？」

「うん。おばちゃんだけ心臓を悪くしたったけどよ、今は大丈夫だぁ」

「え？　おばちゃん病気だったのけ？」

言われてみれば、おばちゃんの顔は黒く日焼けしているなりに、蒼ざめていた。

「もう屁でもねえけどよ……。これからサンメに行かねば」

サンメなんて久しぶりに聞いた、と彼は思った。

「墓掃除すんのか。日射病に気ィつけて！　じゃあ、連れがいっからよ（いるからさ）」

お互いに手を振って別れた。

音弥さんが連れの方を振り向くと、目をぱちくりとして、「平気？」と訊かれた。

「何が？」と訊き返すと、「急にベラベラ独り言をしゃべりだしたから。親戚に挨拶する予行演習か？」と言われた。

連れも銚子市出身の友だちだが、家が外川ではないから、おばちゃんを知らない。

「違うよ。実家の近所の人と話してたんだ。倉庫のとこに、おばさんがいただろ？」

連れは「そういうの引くわぁ！」と叫んで、一歩後ろに後ずさった。

「何言ってんの？　誰もいなかったよ？」

「いたよ！　倉庫の日影になってたから見えなかったんじゃない？　おふくろの仲良しで、長女が俺と同い年でさ、小さい頃から良くしてもらってたから、無視できなかったんだ」

「……ああ、そう。……で、墓掃除って？　墓掃除するのか、とか言ってたじゃん」

「サンメに行くって言うからさ。サンメってのはこの辺の言葉で墓地のことなんだよ。お盆で親戚が来る前にお墓を綺麗にしておくんだろうと思ったんだ。……日向を嫌がってたのに主婦は大変だなぁ。でも暗くなったら墓掃除なんかできないしなぁ」

「……その人、きっともう、さっきの場所にはいないと思うよ。賭けてもいい！」

音弥さんは駆け戻って倉庫の間を確かめた。おばちゃんの姿はすでになく、

「急いで墓地に行ったんだよ」

と彼は連れに言った。連れは、ずっと変な顔をしていた。

夕方になり、音弥さんは一人で、少し離れた商店街まで姉を訪ねていった。

彼の姉は、そこでお好み焼き屋をやっているのだ。酒飲みが流れてくるには早い時刻

だったから店は空いていて、姉が手ずからお好み焼きを焼いてくれた。

焼けた鉄板を挟んで会話した。

「そうそう。倉庫んところで、○○のおばちゃんに会ったんだ。向こうから話しかけてきて、少し立ち話した。心臓悪くしたんだって？　ちょっと顔色が悪かった」

彼がそう言うと、姉はヘラを操る手を一瞬止めて「○○のおばちゃんだって？」と妙に硬い声で彼に訊ねた。そうだと答えると、姉はフーッと深くため息を吐いた。

「……おばちゃんなら二年も前に亡くなってるよ。嘘だと思うなら、サンメにお父さんの墓参りに行ったとき、ついでに○○家のお墓も見てきてごらん」

その後、家族や親戚たちとサンメに行った際に、半信半疑でおばちゃんの家の墓所を見にいくと、本当におばちゃんの名前がそこの墓誌銘に刻まれていたという。


近畿、中国、四国、中部、関東地方で広く行われてきた両墓制では、亡骸を埋葬するサンマイ（三昧）と、寺院の墓地など石塔を建てる場所が別々になっていた。

サンメの語源はサンマイ。両墓制や埋葬の習慣がなくなってからも、ひと昔前まで銚子市の一部漁村では、共同墓地はサンメと呼ばれていたそうだ。

東京の電車にて

音弥さんは、高校を卒業して間もない頃に上京して、三〇歳近くまで長距離トラックの運転手をしていた。運送会社の寮は蒲田《かまた》にあったそうだから、つまり仕事が変わるまで一〇年あまりも都内で暮らしていたことになる。

実家も、銚子の漁港辺りとはいえ千葉県にあるから、東京からそう遠くない。

しかし彼は、東京の街をずっと知らないままであった。

あまり酒を飲まず、基本的に夜遊びをしない性質《たち》で、郊外の海や山へドライブに行くのが唯一の趣味だったせいだ。また非常に勤勉でもあった。

就職から一〇年以上も、自家用車の運転席から仕事用の大型車の運転席へ乗り換えるだけの日々を送っていたと言ったら、やや大げさだろうか……。

しかし、数えるほどしか都心部で電車に乗ったことがないのは本当で、特に、混雑した電車は見かけたことがある程度で、近づくことなく済んでいたのだった。

それが、二〇代も、もう終わり近くになって、いきなり状況が変わった。

勤めていた運送会社の専務に、建設部門の職人としてスカウトされたのである。人手が足りず、にわか仕込みでも構わないから体力のある若い職人が必要になったとのこと。給料を弾むからと説得されて始めたが――すぐに後悔する羽目になった。

その仕事をするために、毎朝、通勤ラッシュの地下鉄に乗る必要があったのだ。自分の車で建設現場に通勤できるものだとばかり思っていたら、現場付近には職人が毎日車を停められるスペースがなく、駐車場代の補助も付かないことがわかった。

おまけに、毎日、朝早くに江東区にある会社の事務所まで重さが二五キロもある特殊な道具を借りに行き、それを千代田区の建設現場に持って行って、仕事を終えたら再び江東区の事務所に返却しなければいけなかった。

専務は「電車に乗っちまえば、片道たった二三分だぞ」と言ったが、帰りはともかく、行きは、指定された時刻に現場入りするためにはラッシュのピーク時を避けて通れそうになかった――ということを引き受けてから知ったが、後の祭り。

始めたのは二月のこと。最初に、ずっしりと重たい道具入りのバッグを肩に掛けたときから後悔しはじめ、駅のホームを目にして（いや、実際は、人、人、人の波で視界がほぼ埋め尽くされていたわけだが）専務の甘言《かんげん》に乗ってしまった己の愚かさを呪った。

ホームには生温《なまぬる》くて汚れた空気がわだかまり、たちまち気分が悪くなった。

さらに、信じがたいことに、人間を満載したホームに過重積載のように見える電車が到着して、チョロチョロッと少し人を降ろしただけで、まだ明らかに混んでいる車両に乗り込まなければいけないのだった。

大きな荷物を提げた若い音弥さんは、通勤客から白い目で見られた。

「イタッ！　気をつけろよ！」「チッ。そんなもん持ってくるなよ」「どけっ！」

すみませんごめんなさい申し訳ございませんとひっきりなしに謝りどおしで、乗りたい電車に乗り損ねることも最初のうちは多かった。

しかし一ヶ月もすると少し慣れてきた。ホームのいちばん端は人の混み具合がいくらかマシだとわかり、また、荷物は肩に掛けたり背負ったりせず片手に低く提げて、電車に乗り込んだら床に置いてしまった方がいいことも学習した。

だからその朝も、彼はホームの端で電車を待っていたのだが――。

「もし、そこの御方」

背後から呼ばれて振り向くと、小柄な老人が杖にすがって立っていた。

よく「杖を突いて歩く」という。そうではない。一本の杖の頭を両手で握りしめて、よろめきながら、かろうじて体を縦に保っている状態だ。

思わず「大丈夫ですか」と応えながら体ごと老人の方へ向き直り、荷物のバッグを床に落とした。それぐらい、今しも老人はその場に倒れ込みそうに見えた。

老人はよたよたと近づいてきて、白い手袋を嵌めた手で彼の腕にしがみついた。

「私、歩けないんですぅ」と情けない声を上げる。

そばで見ると、案外、顔に皺が少ない。七〇手前かもしれないが、体が悪いせいで老け込んでいるのだろう。

健康ではなさそうな割に薄着なのも気にかかった。ハットを被り、水色のジャケットを着ているが、どちらも春物で、手袋もタクシードライバーがするような薄手のやつだ。

「ここまで、どうやって来たの？　あんたみたいな人は車で送り迎えしてもらわないとダメだよ！　ましてやこんなラッシュ時に……。お連れの人は？」

「私一人です。よんどころない事情がありまして……這いつくばってきました」

老人は自嘲を浮かべた。「いや、笑いごとじゃないって！」と音弥さんは言った。

「転んで怪我するよ？　ほれ、もっとこっちに来な！」

歩いてきた人にぶつかられそうになるのを、すんでのところで、抱き寄せて助けた。

老人は服の中に体が入っているのか怪しみたくなるほど体重が軽く、痩せていた。

「やはり正解でした。あなたが優しそうに見えたから声を掛けたんですよ。このまま肩を貸してくださらんかな？　電車に乗らないといかんのだが、何しろ体がガタガタで……」

「だから車にした方がいいってばよ！　タクシーに乗りなって。危ないから！」

「そう言わず、どうか電車に乗せてください」

「参ったな……。あっ、駅員さん！　ちょっとちょっと！」

近くを通りかかった駅員を音弥さんは呼びとめた。

「このオトウサン、体が悪くて危なっかしくて見てらんないんですよ！　電車に乗るのに手を貸してやってください！　忙しいのはわかってるけど、お願いします！」

頭まで下げて頼んだのだが、駅員は呆気に取られたような表情で彼を見つめ返したかと思うと、「どちらのお父さんですか？」と、なぜか小声で訊き返してきた。

「え？　声が小せえな。何？　父親じゃなくても年輩の男性をオトウサンて呼ぶでしょうが？　東京じゃ呼ばないの？　ま、いいや。この人のことですよ！」

すると駅員は一歩後ろに退き、ますます声を低くして、「どの？」と言うや否や彼に背中を向けて歩み去った。

すぐに、「黄色い線の内側までお下がりください」などと注意の口上を述べはじめる。

「チェッ。駅員のルーティンに戻っちまいやんの。東京のサラリーマンは冷てえなぁ」

ほどなく満員電車が来た。「これに乗りますぅ。乗らせてくださいぃ」と老人が言うので、彼は肚《はら》を括《くく》って、片手に重い荷物のバッグを提げ、片手で老人の肩を抱いた。

「杖ぇ持ってない方の手で俺にしがみついてください！　よし、行きますよ！」

老人を先に電車に押し込み、続けて自分も乗り込んだ。床に空いた間隙にバッグを下ろして、左右の足の間に挟んだところで、プシューと扉が閉まった。

「オトウサン、どう？　杖は失くしてない？」

老人の方にそう声を掛けたつもりだったが、見知らぬ男に振り向かれた。

慌てて周囲を見回すと、何人かの乗客と目が合った。みんなキョトンとしている。

「あれぇ？　さっきまで一緒にいたんですよ、杖をついたご年輩の人と……」

どんなに探しても、あの老人の姿は見当たらなかった。

九段下で電車を降りるまで、音弥さんは非常にいたたまれない思いをした。

合図の約束

弾き語りをする画家のSさんと、先日、イベントを共催した。私の怪談口演と彼女の弾き語りを交互に披露して、舞台の周囲には彼女の絵を飾り、我々二人は愉しく演じ、お客さんたちにも満足していただけたようだった。

——イベントの後で、彼女から不思議な体験談を幾つか聴いた。これはそのうちの一つ。

今から八年ほど前、Sさんは、大学の同窓会で、年上の男性・Eさんと知り合った。

Eさんは、当時五〇代前半で、発明家を志していた。

SさんとEさんが卒業した大学は、いわゆる一流私立大学の中でも最高峰と言われるところだ。同窓生の多くが名のある企業に勤務しており、Eさんもかつては大会社のエリートコースを歩んでいた。

ところが、いわゆる脱サラをして発明家になろうとしていたわけで、芸術家のSさんとは、個性的な者同士、馬が合ったのだろう。

彼は、気の合うSさんに、製品開発に協力してもらいたいと願い出た。

——機能的には完成していたが、まだデザインがされていない、これから売り出す予定の発明品があったのだ。

どんな商品かといえば〝イヤホンコードの絡まりを解消するクリップ〟であった。

「それからほんの一、二年で、ワイヤレス・イヤホンが一般化してしまうなんて」

と、Sさんは、私にこの話をしながら悲し気なため息を漏らした。

「本当に不運でした」

Eさんが発明した〝イヤホンコードの絡まりを解消するクリップ〟は画期的かつ小型で、安価に量産可能なものだったから、もしも九〇年代に、いや、せめて二〇年前に発明できていたら彼は成功して、大金持ちになっていたかもしれない。

Eさんからプロトタイプを見せられたSさんは、その便利さに感動したという。

彼女は、シンプルで洒落たデザインを提案し、制作に立ち会った。

そして商品の発売まで漕ぎつけたEさんと、喜びを分かち合ったのだが……。

「量産体制を作ったのに、売れ行きが下がる一方で、初期投資が回収できなくなりました」

それでも、Eさんはスマホケースを兼ねた応用型の新作を発表するなどして、果敢に挑戦しつづけた。

その頃、Sさんは彼と、死後の世界について会話したという。

「肉体の死後も魂が生きていたら、先に死んだ方が合図をしよう」

そう彼が提案したので、Sさんは半ば冗談で「約束だよ」と応えた。

「うん。約束だ。年齢からして僕が先に死ぬだろうけどね」

それからもEさんの発明品の売れ行きは思わしくなく、彼は、親戚や友人知人に借金返済のための金を無心するようになっていった。

だが、それも、もはや品物がヒットしても追い付かないほど負債が膨らんでいることが誰の目にも明らかになるまでの話だ。

Eさんは、Sさんとの出逢いから二年あまりで完全に行きづまった。

それと同時に、彼は倒れた。病院に担ぎ込まれたときには、心労が高じたのだろうと、誰もが思った。ところが検査の結果は末期癌で、もう手の施しようがなかったのである。

——その日、Sさんがお見舞いに行くと、病室のベッドに横たわった彼は、病み衰えた顔に微笑を浮かべて、こんなことを言った。

「なんだか頑張れそうな気がする。僕、最期に友だちと約束できて良かったなぁ」

他人が聞いたら、死期が迫った病人のうわ言だと思ったかもしれない。

でも彼女には、彼が死後の約束について話しているのだとピンと来た。

今日逝ってもおかしくないほど病状が悪化した彼が……。

返事のしようもなく、彼女は涙を堪えるので精いっぱいだった。

この後、いろいろ用事を済ませて、午前一時頃に帰宅した。

当時、Sさんは両親と同居していたが、帰ったときには家の明かりはすべて消えており、玄関に入ると空調機の立てる音だけが暗闇を震わせていた。

父も母も、もう眠っているようだから……と、彼女は静かに階段を上りはじめた。

階段の踊り場の窓から、街灯の明かりがうっすらと差し込んでいた。両親の寝室も二階にある。自分の部屋のドアをそっと開けて、室内に体を滑りこませようとした。

そのとき一階から、腹の底に響くような重量感のある物音が聞こえてきた。

絨毯《じゅうたん》を敷いた床に、かなり大きくて目方のある物が落ちたような……。

咄嗟に階段の方へ戻りかけた。しかし音は一度きりで、両親は起きてこなかった。

そこで彼女は、何も見にいくほどのこともあるまい、と考え直したのだった。

また、たいへん慌ただしい一日を過ごして疲れ果てており、早くベッドで休みたくもあった。実際、枕に頭をつけた途端、何かを想う余裕もなく、眠りに落ちてしまった。

――翌朝は、階下の騒音で目を覚ました。

掃除機の音だった。この家にあるのは、多少の水も吸い取れる強力な掃除機で、それだけに音が喧《やかま》しいのだ。

時計を見ると午前七時で、まだ朝早い。母が掃除するのは、いつもは午前一〇時過ぎだ。あとちょっと寝ていたかったが、好奇心に負けて起きた。一階に下りてみたところ、母がリビングルームの掃除をしていた。

「こんな早くから、どうしたの？」と質問すると、母は振り向いて掃除機を止めた。

「起きてきたら、花瓶が一つ落ちて、絨毯が水浸しになってたの！」

この家では神道を信仰しており、リビングの隅にモダンなデザインの祖霊舎《それいしゃ》（神徒壇）を置いて、そこに故人を祀っていた。

祖霊舎は、仏教徒の仏壇に代わるものだ。通常は左右一対の花瓶に緑の榊《さかき》を挿しておくものだが、この家では、洋間に似合わないからと、ふだんは花を活ける習慣だった。

見ればソファセットのテーブルに花瓶が一つ置かれ、百合の花束が雑に挿されている。

こちらが下に落ちていたのだろう。もう片方は祖霊舎の定位置に収まっていた。

「テーブルの花瓶、台所の流しに下げてくれる？」

「わかった。水切りして活けなおしてこようか？」

「ありがとう。じゃあ、花粉がついて汚くなっちゃった百合は摘んじゃって。蕾はまだ咲くかもしれないから残してね。……ねえ、あなたがやったの？」

「花瓶を倒したかって？　違うよ。でも帰ってきたとき、ゴトッて、何か大きな音を聞いたんだ。これが落ちた音だったんだね」

母は渋面を作って嫌そうに、「やめてよ」と言った。

「怖いじゃない。ひとりでに倒れるなんて、そんな不思議なことある？」

高さ三〇センチもある銅製の花瓶は、倒れづらいように底が分厚く作られており、両手にずっしりと重かった。百合の花冠は赤い花粉にまみれながらも今を盛りと咲いていて、捨てるのは可哀そうな気がしたが、母に言われたとおり蕾を残して捨ててしまった。

翌日、共通の友人からEさんの訃報が届いた。昨日の午前一時を少し過ぎた頃から脳死状態に陥り、今しがた心停止したとのことだった。

――午前一時過ぎといえば、花瓶が落ちた頃だ。

葬儀の後、大学の同窓生数人と最寄りの駅まで歩いていたら、コードがぐちゃぐちゃに絡まったイヤホンが道に落ちていた。

「Eさんが落としていったんだ」とSさんが呟くと、みんな半笑いになって、「そうかもしれないいな」と口々に言った。

「本当は律儀な人だったよね」「善人すぎたんだ」「あんな面白い奴は滅多にいない」

そこに居合わせた者たちは、それぞれEさんに金を貸したままになっていたのだが、以降、彼についてては良い想い出だけが語られるようになった。

葬儀の翌月、仲間内でEさんを偲ぶ会を開いたときにも、Sさんは、会場のレストランに向かう道すがら、コードが団子状に絡まってしまったイヤホンを見つけた。

彼女は、それに向かって手を合わせ、彼の御霊《みたま》の平安を祈った。

神道では、肉体は魂の器に過ぎず、器を喪失した後も魂は永久に生きつづけるとされる。

神道を信じる家で育ったSさんには、Eさんが合図を送ってくれたことが、とてもありがたく感じられたという。

発明品の事業が失敗してからは、彼の誠実さを信じることが難しい時期もあったのだが。

しかし彼は肉体の死後に彼女との約束を守り、彼女や仲間たちの心を癒した。

――僕、最期に友だちと約束できて良かったなぁ――

獅子島異聞集

鹿児島県最北端の町、長島町《ながしまちょう》の入り口には橋が架かっている。橋を取り巻くのは日本三大潮流・黒之瀬戸《くろのせと》。紺碧《こんぺき》の海原を渡った先の長島本島と二三の離島からなる南国の町だ。

獅子島《ししじま》は、それら離島のうちの一つで、長島本島から最も遠い西北の海に浮かぶ、面積約一七平方キロの小さな島である。

海岸線が入り組み、宝石のような青い入り江が沿岸に点在している。島の大部分は、高さ三九三メートルの七郎山を最高峰とする丘陵地帯に占められ、昔から人々は海沿いの土地で漁業をして暮らしてきた。夏の台風と冬の季節風を除けば、一年を通して温暖な気候に恵まれ、離島には珍しく地下水も豊富に湧き出るため、柑橘《かんきつ》類の栽培も盛んだ。

昨今は、日本有数の化石の産地としても知られ、恐竜の化石をコンセプトにした観光開発も進められている。

尚矢《なおや》さんは、この獅子島で生まれ育った。現在五三歳で、都内で理学療法士としてクリニックを開業しているが、今でも親戚の多くが故郷で暮らし、年に何度か帰参するという。

そんな尚矢さんに、獅子島ならではの不思議な実話をいくつか聴かせていただいた。

不言の鳥

獅子島には、ここで生まれ育った者なら誰しも信じているジンクスがあった。

――キジを食べてはいけない。

――キジを島に持ち込むのもご法度。その名を「キジ」と呼ぶのも控えるべき。

――これらの決まりを破れば死んでしまう。

島民たちは全員、遥かな昔からこのジンクスに従ってきて、なんら不都合がなかった。

しかし、やがて時代が変わり、よそ者が島に来て勝手に禁を破るようになった。

たとえば、尚矢さんが卒業した小学校で、ほぼ三年おきに教師が亡くなるのは、キジを食べたせいだと囁かれていた。

また、教師の妻が、校舎に併設された教員住宅で急死したのも、キジを料理したからだというのが、もっぱらの噂だった。

しかし、尚矢さんが一六歳の頃のこと。件の小学校に赴任してきた一人の教師が、このジンクスを覆《くつがえ》した。

「私はそんな迷信は信じません」と高らかに宣言して、あえて小学校でキジを飼うように周囲を説得し、彼に味方する同僚たちと論陣を張った挙句、校庭の隅に小屋を設けて、キジの飼育をはじめたのである。

そして学校児童と共に、キジを大切に可愛がった。

すると不思議な事に、三年経っても誰も死なず、それっきり先生方が不幸に見舞われることはなくなったのである。

小学校のキジは長生きして、天寿をまっとうしたそうだ。


――さて、キジを食べると死ぬだなんて、馬鹿らしい迷信だと読者の皆さんも思われるだろうか？

また、さっきから「シシ島」と言っているが、その島名の由来の方が気になるという方もいるかもしれない。

獅子島の名の由来には、昔この島で野生の鹿＝シシがよく獲れたためとする「鹿説」と、かつて島を領有していたという獅子谷七郎の苗字にちなむ「獅子谷家説」とがある。

ご存知のように、戦国時代の鹿児島県西部は薩摩国《さつまのくに》と呼ばれ、島津《しまづ》家が権勢を振るっていた。当時、獅子島を含む長島諸島に近い本土側の野田という所は、島津家四代当主の三男、島津忠兼《ただかね》が治めていたが、野田には良い湾がなく、交易に不向きであった。

忠兼は海外交易に野望を持っていた。そこで彼は、一五六五年、長島諸島の征圧に乗り出したのだった。

その頃の長島諸島は、現在の長島町の城川内《じょうかわうち》に今も城跡がある堂崎城《どうざきじょう》の城主・天草越前守《あまくさえちぜんのかみ》が統べており、獅子島の獅子谷七郎もその配下にあった。

ほどなく堂崎城は落城、天草越前は切腹して、長島諸島は島津家の領地になった。

このとき、獅子島の獅子谷七郎も討ち取られたとされている。

——その討ち死にの場面にキジが登場するのだ。

七郎はキジの矢羽を矧《は》いだ矢に射貫かれると、その矢を自ら引き抜いて曰く。

「キジさえいなければ斃《たお》れなかったものを！　この島ではキジの一切を禁ずる！」

——約四七五年も前の鹿児島界隈の人が、現代の標準語を話すわけがないなどということはさておき、呪詛《じゅそ》の内容はこのようだったと伝えられている。

今も獅子島にある獅子島神社の縁起によれば、七郎の呪いによって、ここにはキジが飛来しなくなった。さらに、この島の民はキジ肉を食べれば、必ず腹痛から死に至った。

そのため島民たちはキジの名を呼ぶことさえ憚《はばか》るようになり、キジを《不言《いわず》の鳥》と呼ぶ習慣が生れた。さらに、獅子谷七郎の怨霊を祭神として祀り、獅子島の守り神として奉斎《ほうさい》することにした——。

ところが、この獅子島神社の由緒書きに対して、民俗学者の柳田國男《やなぎたくにお》は、異なる説を書き記している。

——獅子谷七郎は猟ばかりして、島民を苦しめた。そこで島民たちは七郎山の頂上に落とし穴を掘り、七郎が穴に落ちると、すかさず上から萱《かや》を積み上げて燃やした。すると七郎が空へ舞い上がって火から逃れようとしたので、キジの羽の矢で射殺した。故にこの島にはキジが棲まず、島民が「キジ」と呼べば腹が痛むのだ。これは神話であって、アジャラという七郎の妻の墓も地名として残っているが、七郎共々、実在の人ではない——

そして獅子島の七郎山では、キジをキジではなく《不言の鳥》と呼ぶようになったと柳田國男は述べている。

以上が、不言の鳥ことキジを巡る獅子島の奇譚だが、獅子谷七郎がキジの矢羽を付けた矢で射殺されたのは、偶然ではなかったかもしれないと私は推理している。

キジ＝雉は日本では古代から食されており、神話にも登場する。

――葦原中国《あしはらのなかつくに》を平定するために、天若日子《あまのわかひこ》という神が、高天原《たかまがはら》から遣わされた。

天若日子は、平定のために神器の弓矢を授けられていた。

ところが彼は、出雲《いづも》に降臨した折に大国主神《おおくにぬしのかみ》の娘・下照比売《したてるひめ》と結婚して、使命を忘れた。

出征したきり八年間も音沙汰がなかったので、彼に平定を命じた天照大御神《あまてらすおおみかみ》と高御産巣日神《たかみむすひのみこと》は、理由を問うために雉名鳴女《きじななきめ》を遣わした。

雉名鳴女は、一羽の雉となって天若日子の家に飛来し、神々の言葉を高らかに告げた。するると天若日子は、あの神器の矢で射ち殺してしまったのだが、その矢は雉を突き抜けて高天原の高御産巣日神のもとに飛んでいった。

雉を射た矢を手にした高御産巣日神はすべてを悟ると、天若日子に向けてその矢を放って成敗した――。

もしかすると柳田國男も、キジと矢の伝説に日本神話の、獅子谷七郎に天若日子の、薩摩国の島津家に高天原の神々の、暗喩を見い出したのではなかろうか？

河出書房新社から刊行された柳田國男の『禁忌習俗事典　タブーの民俗学手帳』で《言わずの島》を引くと、「島では七郎の物語が神話であった」とはっきり書かれている。

――赴任してきた教師も、もしかすると私と同じように推論して、あえてキジを飼ってみせたのかもしれない。

しかし、それなら、ほぼ三年おきに亡くなった赴任教師たちの死因は……？

罪のないジンクスを信じたほうが幸せでいられるかも……。

精霊舟

精霊流しの習慣は九州の各地にある。提灯で飾り立てた舟を神輿《みこし》のように曳きまわしつつ町中を練り歩くだけの地域もあるが、獅子島では海に実際に舟を流す。

ここの精霊舟――地元の呼び方にならえば「しょうりょうぶね」ではなく「しょうりゅうぶね」――は堅牢さに特色があった。

子どもや小柄な女性なら乗れてしまうほど、頑丈な舟を造るのだ。

尚矢さんによれば、彼が子どもだった五〇年ぐらい前は、今よりずっと大きくて立派な舟をこしらえていた。時代が下るにつれて小型化が進み、寂しいかぎりなのだとか……。

また、昨今は精霊流しの法要が済んだら、ただちにボートを出して舟を回収しなければならないが、かつては波に揺られて沖へ運ばれるのを見送っていた。

それでも、翌朝までに大半の舟が、ちゃんと島へ戻ってきたのだという。

難破船のように波打ち際に打ち上げられて、送りだすときに山盛りにした供物は失っているのが常だった。波に揺られるうちに海に落としただけのことだろう。だが、仏さまに召しあがってもらったと信じられていた。

空になった舟も、仏さまに差し上げたものなので、お焚きあげして煙を天に昇らせた。

——今から約六〇年前、尚矢さんの母方の叔父は、精霊流しの翌朝、港で舟を見つけた。

彼は当時一〇歳。八人兄弟の末っ子だった。

舟を流すときは、島で収穫した果物などを高々と盛り上げ、火を灯した蝋燭《ろうそく》を立てる。

それが、港の船着き場で見つけたときは空舟になっていた。焼いてしまうには惜しいような、白木の真新しい舟だ。水際に横倒しになっていたのを舳先にロープを掛けて引き寄せ、引き起こした。ロープをボラードに留めて——ヒョイッと飛び乗ってみた。

舟は一瞬大きく揺れたが、すぐに安定した。艪《ろ》がないから、手で水を掻くしかないけれど、ロープの長さ分は前後左右に動かせる。水面を滑る感覚が、とても面白い。

——艪の代わりになるものがあったら、遠くまで漕いでいけそうだ。

何かないかと、舟の中からキョロキョロと船着き場を見回していたところ、上の兄たち二人と姉がやってきて、彼を見咎めた。

「ああっ！　そげんのに乗ったや天罰がくだっじゃ！」

「馬鹿、下りれ、下りれ！　仏さんのもんじゃぞ！」

「早うしやんせ。泥棒になっど」

兄姉は中学生で、いっぺんに叱られたら敵わない。彼はベソをかきながら、渋々、舟から下りた。

「僕が見つけた、僕ん舟なんに！　どうせ焼いてしまうんやろう？」

「おめん舟じゃなかち、言うちょっじゃろう？　仏さんの舟じゃっで……」

「じゃっどん、仏さんは浄土におっとじゃろう？　ここは浄土じゃなかよ！」

屁理屈を言うなと散々たしなめられて、家へ連れ帰られた。

——その晩から叔父は高熱を出して寝込んでしまった。

祖父母や両親は夏風邪だろうと言い、富山の薬売りから買った頓服《とんぷく》を飲ませたが、一向に熱が下がらない。三日三晩もそんなことが続くと、叔父は次第に意識朦朧《もうろう》としてきた。

そこで彼の両親は、島の寺の住職を家に招いて、彼を見てもらうことにした。

やってきた住職は、口をきく元気もなくぐったりと蒲団に横たわっている彼をじっと見つめると、そばで固唾を呑んで見守っていた両親に訊ねた。

「こん子は最近、何か変な拾い物をせんやったか？」

両親が顔を見合わせていたところ、好奇心に駆られて集まってきていた姉と兄たちが声を上げた。

「ぼんさん！　そういや、こん子は精霊舟に乗って遊んどったばい！」

「そん晩に熱を出したんじゃ！」

「ああ、それだ」と住職が言った。

そして枕もとでお経を上げて、浄めの塩を部屋の四隅に置いていってくれた。

すると、みるみる熱が下がりはじめたのだが、彼が眠りながら、

「今、舟が出ていく、舟が出ていく」

と言って襖の方を指差したので、家族は全員、震えあがってしまったそうだ。

――この叔父さんと精霊舟のエピソードを、尚矢さんは親戚に披露したことがあった。

彼は、毎年正月の松の内を獅子島で過ごす習慣で、そのときは一月二日の深夜だった。

母方の実家には、そのとき四〇人も集まって、ほとんどの者は蒲団で寝息を立てていたけれど、酒飲みが八人ばかり、まだ盃をやったりとったりしていたのだ。

そのうち一人が尚矢さんだった。

どういう加減か、みんなで怪談噺《ばなし》をすることになり、彼が、最後の「舟が出ていく」というところまで話したとき、船の汽笛がはっきりと聞こえてきた。

――ポーッ、ポーッ、ポーッ。

船は出港するとき、短い汽笛を三回鳴らすことが多い。これは海上衝突予防法の規定で、後ろに進むときの合図が短音三回と定められているためだ。

島育ちの尚矢さんたちは当然知っている。音から、どの船かもだいたいわかった。

「あん音はフェリーだぞ。正月二日ん真夜中に、なんでフェリーを動かしちょっど？」

尚矢さんは、急いで海側の窓を開けた。

途端に、腹に響くエンジン音が伝わってきた。

「変じゃね！　三が日は船を出さん決まりなんじゃ！」

寒気が部屋に雪崩《なだれ》れ込んできたが、それどころではない。みんなして窓から顔を突き出して、港の方を眺めた。

水面が青黒く沈んで、常夜灯の照り返しも乏しい。

「何も見えんなぁ」と言い合っている間にも、ボンボンとフェリーのエンジン音が続いていた。港を出ていこうとしているとしか思えない。

「フェリーん船長は獅子島に住んじょらんとじゃ。誰がやっちょっど？」

正月早々、まさか船を盗みに来る者がいるとは、と、尚矢さんたちは色めき立った。

競い合うようにどやどやと外に飛び出して港まで走っていったが、動いている船は見渡すかぎり一艘もなく、ついさっきまで聞こえていたエンジン音もいつの間にか消えて、潮騒だけが暗い海でざわめいていた。

一夜の宿

Fさんは学生の頃、大阪の学生寮に寄宿していた。南国の田舎から都会に出てきて初めは戸惑うことも多かったが、それは半年もすればすぐに馴染んだ。

問題は盆暮れの帰省。

なにしろ、大阪から、実家のある鹿児島県の獅子島までは距離にして約八〇〇キロ。所要時間も、空路で乗り継ぎを含めて約三時間、鉄路で約七時間、陸路なら車を飛ばしても約一〇時間という具合だから、旅費がかさむのだ。

世間の常識では飛行機を使うものだとされるところ、チケット代が高騰する時季に年二回も往復航空券を買うほど家は裕福ではなく、鉄路にしても新幹線代が馬鹿にならない。

大学に入って一年目はアルバイトをして旅費を捻出したものの、それだけのために勉強時間を削ることに、だんだん割り切れなさを覚えてきた。

そこで、二年生の夏にはオートバイで帰ることにした。去年、アルバイトのために必要になって激安で手に入れた中古のバイクで、見た目はボロでも意外に調子よく走る。

ガソリン代が掛かるとはいえ、新幹線で往復するのに比べたら二分の一以下だ。

獅子島行きの最終フェリーは一八時頃に出航する。早朝発てば間に合うと思った。

ところが寝坊してしまった。

慌てて出発したが、広島県と山口県の県境に差し掛かった時点で日が暮れてきた。最後のフェリーが出る頃合いだ。

野宿するしかないか……。軽く絶望しながら、道端にバイクを停めて辺りを見回した。

ここは国道だ。しかし、さっきから、まったく民家が見当たらない。

気づけば、喉が渇き、腹も減っていた。

昼に、広島の市街地で立ち食いうどんを食べて、セルフサービスの水を三杯飲んだ。

それから六時間も経っている。コンビニ……いや、せめて自動販売機があれば……と思うのに、道の左右には樹々が鬱蒼と繁っているばかり。

森の奥が暗黒に閉ざされているのを見て、なんとなく背筋が冷たくなった。何か現れそうな気がしてきたのだ。たとえばオバケとか、猪とか……熊《くま》とか。

慌てて再びバイクで走りだす――と、急に、いくらも行かずに家の明かりを見つけた。

道路ぎわから広がる大きな野菜畑を挟んだ向こう側、一〇〇メートルほど先に、時代劇から抜け出たような茅葺屋根の家があった。昔からこの辺りにある農家かしら……と思っていたら、畑の畦道から人が出てきて、道路の端に佇んだ。

こちらを見ている。徐行で近づいてみたら、手ぬぐいを被ったおばあさんだった。今まで畑仕事をしていたのだろう。モンペを穿いて、汚れた軍手をはめている姿を見て、Fさんは故郷の年寄りを想い起こした。

そばでバイクを停めてヘルメットのバイザーを上げると、目をパチパチして「学生さん？」と問われた。そうだと答えたら、人懐っこい微笑《ほほえ》みをニッと浮かべた。

「迷子にしては大きかね。疲れた顔ばしとる。うちで休んでいきなっせ。ちょうど、あん家に帰るところなんや」

茅葺屋根の家を指差すので、Fさんは、「後ろに乗ってください」と言った。

「ヘルメットがありませんが、ほんのわずかな距離やし、誰も見ちょらんで……」

「よかかい？　じゃあ、お言葉に甘えて……どっこいしょ」

――ズッシリと、バイクの後ろが沈んだ。

小学生みたいに小さなおばあさんにしては体重が重そうだ。腕力もありそうだ。両腕を胴に回してしがみつく、その力の強いこと……。

バイクの後ろに乗るのが怖いから、つい力が入ってしまうのだろうか?

幸い、ほんの数秒で家の前に到着した。

門灯や窓が明るく輝き、庭木もよく手入れがされていて、家族がいるものだとばかり思っていたら、「うちが一人で住んどる。家族はみんな出ていってしもうて」と言われた。

おばあさんがバイクの後ろから降りると、フワリと車体の後部が浮き上がったように感じた。体重が一〇〇キロある友だちを乗せたときも、こんなふうになった。

「早う上がりなっせ。風呂が沸いとるけん、まずは汗ば流すとよかばい。そん間にスイカば切っとくけん。……はい、お水。うちん井戸は水質が良かといつも保健所に褒めらるるたい。うまかやろう?」

土間でFさんが靴を脱ぐ間も、しきりと話しかけてくる。こんな山奥で一人ぼっちで暮らしていたら人恋しくもなるだろう、と、彼は思った。

「本当に美味しいです! 生き返りました!」

「ビールん方がよかったかね? あいにく、うちにはお酒がのうて……」

「いいえ、またバイクに乗らんないけもはんで、水ん方がありがたいです」

「今夜はもうオートバイはやめときなっせ。遠慮はいらんたい、うちに泊ってけ!」

一応、礼儀正しく遠慮したが、おばあさんの熱意に押し切られた。

風呂は、風呂釜の下に薪をくべる、昔ながらの五右衛門風呂だった。

畑からずっと一緒にいたのに、いつ沸かしたのか不思議だったが、もう湯が温まっているというので、そそくさと入った。

獅子島の実家も、いまだにこのタイプの風呂だったから、入り方は知っていた。木製の底板を足で踏んで、ゆっくりと湯に浸かった。

実家にはシャワー付き給湯器があるが、この家にはそれもない。

昭和二〇年代か三〇年代で時が止まっているかのようだ。

しかし居心地はすこぶる良い。旅館のように掃除が行き届いて清潔で、それになぜか家の中がとても涼しいのだ。

風呂に浸かっていてさえ、ひんやりした微風を頬に感じるのだから、不思議だ。

――Fさんは、すっかり気持ちよくなって、うっとりと目を閉じた。

すると間もなく、変な音が聞こえてきた。

シャーコシャーコ。シャーコシャーコ。シャーコシャーコ……。

砥石で刃物を研いでいるようだ。

——まさか、安達ケ原《あだちがはら》の鬼婆じゃあるまいな。

福島県に『黒塚』という有名な伝説がある。安達ケ原に人を喰らう鬼婆が住んでいて、行きずりの旅人を家に泊めては寝首を掻き切って殺していたというのだが——。

シャーコシャーコ。シャーコシャーコ。シャーコシャーコ……シャコッ!

「もーし、おにいさん、そろそろ上がっといで。スイカば切るけん」

にわかに怖くなってきた。だが逃げようにも、風呂から出ると、脱衣籠に脱いだ服がなかった。代わりに男物の浴衣と帯が入っていた。これではバイクに乗れない。

「もう切ったばい。こっちおいで。温《ぬく》うならんうちにお食べなっせ」

こっちこっちと呼ぶ声に導かれ、へっぴり腰で廊下の奥へ歩いていくと、茶の間でおばあさんが待っていた。

研ぎたてらしい出刃包丁が新聞紙の上に置かれていて、櫛形《くしがた》に切ったスイカがお膳の大皿に盛られていた。「うちん畑でとれたスイカばい」と、おばあさん。新聞で包丁をくるんで台所に下げにいき、すぐに戻ってくると、Fさんと一緒にスイカにかぶりついた。

拍子抜けしたFさんは、すっかり気を許して、その夜はぐっすり眠った。

——翌朝、彼は道路脇の野原で目を覚ました。

昨夜は浴衣を着て蒲団に入ったはずなのに、汗と脂《あぶら》が染みついた自分の服を上から下まで身に着けていた。靴さえも履いたままで、風呂どころか着替えた形跡すらなかった。

驚愕しつつ飛び起きると、おばあさんの家も畑も、何もない。

ただ、道路の端に、自分のオンボロバイクが停めてあった。ハンドルにヘルメットが引っ掛けてあり、荷物が……。

そう。おばあさんを後ろに乗せたときはてっきり忘れていたが、着替えや読みかけの本を詰めた旅行用の鞄を、バイクの後ろに紐で固定していたのだった。

荷物もバイクの後ろに括りつけたときのままで、ただ、自分だけが身一つでそこの野原に行って寝ていたとしか考えられない状況だ。

しかし、昨日の昼から何も口にしていない割には喉が渇いていない。

腹も、減ってはいたものの我慢できる程度だ。

——スイカをたらふく食べさせてもらったお蔭に違いない。

バイクのそばに石のお地蔵さんがあったので、深く考えずに手を合わせた。

「とりあえず、おいは無事じゃ。ようわからんじゃっどん、あいがとごわす!」

その石地蔵の顔がおばあさんに似ているような気がして、重かったことにも納得がいったとのこと。

その後の旅は順調で、午後の早い時刻に、獅子島の実家に無事に到着したという。

鴉

行秀《ゆきひで》さんの母は六一歳で鬼籍に入った。死因は悪性腫瘍で、最期の三年間は入退院を繰り返した。生前の彼女はフラダンスのダンサーで、フラ教室の経営者兼教師でもあり、人並み以上に生命力が満ち溢れていた。華やかな社交家で、精力的で……。

それでいて芸術家らしく繊細な、何か仄暗《ほのぐら》い一面も持ち合わせていた。

行秀さんは一人っ子だったから、幼少期には母との距離が人一倍、近かった。

彼が子どもの頃、母はよく不思議なことを言っていた。

——たとえば、あるときは、家の桐箪笥から女の腕が出ていたとか。

「仕事から帰ってきたら、寝室の箪笥の抽斗《ひきだし》が一つ開いていて、そこから色白で綺麗な腕が宙に突き出していたの。それが、ゆらゆらと手招きをする……。魅せられたようになって近づいたら、シューッと中に引っ込んで、静かに抽斗が閉じてしまったわ」

そして、嫁入りのとき実家から譲ってもらった古い箪笥だから、ご先祖の誰かの霊が出てきたのかもしれない、などと、大切な秘密を打ち明けるときのような、ひそやかな口ぶりと表情で、幼い息子に話して聞かせたのだった。

また、お盆の時季になると、母の周りでは小さな怪異がときどき起きた。

彼が思春期に差し掛かったぐらいのとき、家族三人で墓参りに行った。夕方、家に帰ってきて、父と行秀さんが先に玄関に入り、最後に母が内側からドアに鍵を掛けた。

そのとき行秀さんは靴を脱いで、上がり框から廊下の方へ爪先を向けかけていた。

カチャッという音に次いで「あら」と母が声を上げたので振り向くと、母が再び鍵を掛けようとするところだった。

「どうしたの？」と彼は訊ねた。

「変ね」と母が応えた。「いったん掛けたのに、ひとりでに開いてしまったのよ」

この家のドアに付いているのは一般的なロック金具で、ツマミを縦にすれば鍵が開き、横にすれば閉まる仕組みだ。自然に開閉するわけがない。

だが、彼の目の前で母が横にしたツマミは、一秒も経たず再びカチャッと縦になった。

「ね？　誰かついて来ちゃったのかしら……」

「誰が？」と訊き返しながら、彼は玄関に下りると、母を押しのけてドアを開けてみた。

――どこにも人影など見当たらなかった。黄昏に染まった空気が押し寄せてくるように感じて、彼は慌ててドアを閉めた。

「お盆だもの」と母は言い、優しく彼を退《ど》かすと、また鍵を掛けた。

カチャッ。ツマミが縦になった。

「もう一回やって駄目だったらあきらめるわ」

——結局、四回目でようやく鍵が掛かった。

その後は何もなかった。結局、鍵のツマミが動いただけ。

母の近くで起きる怪異はほとんどこの調子で、長い間、まるで実害がないのが常だった。


死の三年ほど前、品川の方でフラダンスの舞台発表会があり、全国から参加者がある中、母も、彼女の生徒三人と踊り手として舞台に立った。

舞台は成功裏に終わり、四人は愉しく会話しながらタクシーに相乗りした。

母の提案で、生徒たちは家が近い順に降りていくことになっていた。

だから母は後部座席の右端、つまり運転席の真後ろに座ったのだった。先に生徒たちを降ろすのに都合がいいと思ったので。

——それまでは良いこと尽くしの一日だったが。

三人目が降りて二人きりになると、急に運転手の態度が豹変した。

温厚そうなおじいさんだったのに、「へへ……へへへへッ」と下卑《げび》た笑い声を立てて、しきりにルームミラー越しに後部座席を見ようとしはじめたのだ。

母は、降りるときのことを考えて後部座席の助手席側に移動しかけていたのだが、運転手にじろじろ見つめられてはたまったものではないので、運転席寄りに座り直した。

「へへッ……ウヒヒヒヒヒッ……ヒヒヒッ」

いったい何を想像して笑っているのか。

不快なだけでなく、身の危険を感じて、降りた方がいいだろうかと思案しだしたところおかしなことに気がついた。

運転手の頭の位置が、さっき見たときより低くなっているのだ。

まさか、見間違いだろうと思う間にも、運転手の体は縮んでいった。着ている服ごと、みるみるうちに小さくなって、運転席のヘッドレストの向こうに頭が沈んだ。

「ここで降ります!」

思わず声が高くなった。「そんなに怒鳴らなくても」と、運転手は不服そうに応えた。

腰を前にずらしてブレーキを踏み、猿のように小さな手でシフトレバーを引いた。

彼女は大急ぎで会計をして、転がり出る勢いでタクシーを降りた。そしてすぐに、怖いもの見たさで運転手の方を振り向いた。

――縮みながら、笑いを堪えかねるかのように、うつむいて肩を揺らしていた。

もう車の運転ができる体格ではなかったが、後部座席のドアを閉めると、何処かへ走り去ってしまったという。

「思えば、あれは不吉な予兆でした」と行秀さんは私に話した。「それまで母が関わってきた不思議な現象は、罪がない印象のものばかりでした。次に教室に来る生徒さんを言い当てたり、人の背丈ぐらいの白い煙が現れたかと思ったらスーッと消えるのを見てしまったり……。鍵の件も。でもタクシーの出来事は、なんだか邪悪な感じがしませんか？」

「ええ。毛色が違うように思えますね」

「あれが最初で、その少し後に鴉《からす》を見て……それからです、体の調子が悪いと母が言いはじめたのは……」

「タクシーの一件からしばらくして、お母さんは鴉をご覧になった？」

「ええ。二〇〇八年の二月のことでした」

――初めは、死んだ鴉だった。

そのとき彼女は、神奈川県川崎市の京浜伏見稲荷《けいひんふしみいなり》神社のそばを歩いていた。

そこは仕事の行き帰りにいつも通る路地だった。居酒屋や小料理が点在する一車線の道で、フラダンス教室用に借りているスタジオから新丸子駅へ向かうところだ。

庶民的な裏路地に、高さ一四メートルの大鳥居が忽然と現れるさまが面白く、ダンススタジオを借りたばかりの頃はよくお参りした。

大鳥居の他にも、池を取り囲む一〇八匹の狐像や、日本最大級の神狐像など特色の多い神社で、週末などは遠方からも参拝客が押し寄せる。

だが、今のような平日の夕方には、そもそも大鳥居の前を歩く者がほとんどいない。飲み屋が開くには早すぎて、神社を詣でるには遅い時間帯だからだ。

その誰もいない道に、黒いものが落ちていた。

ちょうど大鳥居の真ん前だ。最初は壊れた傘かと思った。

しかし違った。近づくにつれてわかってきた――黒い羽、嘴《くちばし》、宙に突き出した鉤爪。

冷たい骸《むくろ》と化した、一羽の鴉だ。

「母には、とても不気味に思えたようです。僕が帰宅したら、すぐにこの話をしました」

――鴉の死体なんて見たことがある？　還暦まで生きてきて初めて見たわ。しかも神社の真正面で死んでいたのよ？　怖くて鳥肌が立っちゃった。


たしかに鴉の屍骸は滅多に落ちていない。あまりにも珍しいので「鴉が亡くなると、その瞬間に死体がフッと消える」という都市伝説があるほどだ。

しかし鴉は共喰いをする。鳥類学者によって、死んだ鴉を同じ群の仲間が跡形もなく食べてしまう一部始終が観察されている。類似の報告も数多く、どうやら、鴉の死体は群の仲間の胃袋に消えるというのが真相のようだ。

ところが、である。

なんと彼女は翌日の夕方にも、再び同じ場所で死んだ鴉を発見したのだった。

昨日の鴉ではない。午前中にここを歩いたときには、大鳥居の前は掃き清められて、塵一つ落ちていなかったのだから。

さらにその翌日も――。

三日目、初めはホッと胸を撫でおろしたのだ。大鳥居の正面に、また黒いものが落ちているのではないかと怯えていたが、道は綺麗なものだったので。

だから、二日続けて見てしまったのは不運な偶然に過ぎなかったのだろうと考えた。

そして、安心して鳥居の前へ差し掛かったときである。

上から真っ黒な塊《かたまり》が墜落してきて、顔に風圧を感じた。と思ったら、爪先から三〇センチと離れていない地面に叩きつけられたものがあった。

鴉だ。死んで落ちたのか、落ちたから事切れたのかはわからないが、三度目も黄昏どきに同じ場所で遭遇するとは。

どこから落ちてきたのか、周囲を見回すと、かたわらの電線にとまっていた鴉と目が合った。思わず息を呑んで後退りしたところ、そいつがクワッと嘴を開けて人語で叫んだ。

「こんどはおまえの番だよ！　こんどはおまえの番だよ！」

——鴉の予言は的中した。それから間もなく腫瘍が見つかり、三羽の亡骸を見たときから三年後の、同じ二月に彼女は亡くなったのだった。

羽黒山へ

宮城県出身の茉歩《まほ》さんは、家庭の事情で定時制高校に入学した。中学と違って生徒の年齢がまちまちで、働きながら通学している者もいることを初めは新鮮に感じた。

生徒会と運動部に入ると、上の学年に知り合いができた。先輩の中には、自分の車を持っている人たちがいた。歳は一八だったりハタチだったり……三〇歳前後の人もいた。

一学期のうちに、部活の先輩五、六人と特に親しくなった。

社会人ばかりのグループで、茉歩さんはマスコット的な存在だったようだ。先輩たちは、可愛がっていた茉歩さんを一泊旅行の計画に誘った。

夏休み中に、ワンボックスカーをレンタルして、みんなで山形県・出羽三山《でわさんざん》神社の羽黒《はぐろ》山《さん》へ行き、名物の長い階段を上ってみようというのである。

茉歩さんは喜んで参加を決め、積極的に協力した。部活の夏合宿として学校に届け出ようと提案したのは茉歩さんだった。

聞けば、羽黒山の階段は二四四六段もあるという。神社の階段としては日本一の段数で、上るのは容易ではないが、それだけにご利益があると言われている。

出羽三山は、羽黒山、月山《がっさん》、湯殿山《ゆどのさん》から成り、三山を巡れば「生まれ変わりの旅」ができると信じられてきた。江戸庶民には、ことに人気が高かったらしい。

――今生の願いを叶える羽黒山。

――祖霊の安楽と往生を祈る月山。

――新しい命に転生する湯殿山。

中でも羽黒山は、三山で最も早い推古元年（五九三年）に開山された、山岳信仰《羽黒派古修験道》の聖地として知られている。つまり修験道の行場でもあったのだ。

修験道では、父の精を受けた死霊が母の胎内に宿り、神の霊威を授かって成長すると、新たな生命に生まれ変わると信じられていた。

ここでは古来より死と再生の儀礼が行われてきたのだ――という理屈には茉歩さんたちは興味がなく、山登り……もとい、階段上りの後で行く月山の温泉を愉しみにしていた。

特に茉歩さんは温泉旅館のお湯とご馳走を心待ちにしていた。ところが、羽黒山に近づくにつれて乗り物酔いが酷くなり、到着して駐車場で車から降りた途端に、胃袋の中身を全部もどしてしまった。

胃液まで吐き尽くしても吐き気が止まず、眩暈が酷くて歩けなかった。すると、先輩たちは、車で休ませるわけにもいかないから計画を中止して帰ろうかと言いはじめた。茉歩さんが申し訳なさと情けなさで泣きだすと、花柄のエプロンを着けた売店のおばあさんがちょこちょことやってきて、助け船を出してくれた。

「この子はうぢで休ましぇでけっから。その間さ、お参りすたらどうですか?」

駐車場の端に何軒か並んでいる売店の一つが、おばあさんの店だった。

古びた平屋の一戸建てで、店先で土産物や弁当、菓子、飲み物を商い、奥の座敷を休憩所として参拝客に開放していた。

おばあさんは茉歩さんを座敷に連れてくると、隅に座布団を並べて屏風で囲った。

「ごごで横さなっていなさい。ちょっと待ってで。お茶ど梅干あげんべね……」

間もなく、漆《うるし》塗りのお盆でお茶と梅干が運ばれてきたのだが、茶托を付けた青磁の高そうな湯呑に芳しい緑茶を淹れて、梅干しも湯呑と揃いの銘々皿に盛ってあるのを見て、茉歩さんは恐縮してしまった。

「こんな良いお茶碗やお皿……。私なんかに、もったいないです」

「遠慮すねで飲みなさい。スーッど治っから」

お茶を飲みながら梅干しを一粒食べると、本当に具合が良くなった。気分が落ち着いてきたので、あらためておばあさんを観察した。小柄でふくよかな、ふつうのお年寄りだが、店先でお客の相手をしているときでも、茉歩さんと話しているときでも、不思議と全身が明るんで見えた。まるで後光が差しているかのようだ。屏風の影から、茉歩さんはそっと手を合わせた。

三時間近く経ったとき、おばあさんが店先から戻ってきて、先輩たちが戻ってきたと教えてくれた。座敷を出て店先へ行くと、歩いてくる彼らの姿が見えた。

「すぐに行きなさい」と、おばあさんに急《せ》かされて、ワンボックスカーに駆け寄った。するとたちまち、再び眩暈に襲われた。

――結局、茉歩さんの体調があまりに悪かったため、月山の温泉に行くのを中止にして、全員家に帰ることになった。

月日は過ぎて――今から一二年ほど前、茉歩さんは、思いがけない経緯で、あらためて今度こそ本当に羽黒山の土を踏むことになった。

当時、茉歩さんは三〇歳で、東京の江戸川区で独り暮らしをしていた。二年前から派遣社員としてお台場の倉庫で働いていたのだが、ここが酷く人使いの荒い職場だった。

繁忙期には朝七時か八時から深夜まで働かされた。自宅アパートで過ごせる時間は、平日は実質四、五時間。いつ過労死してもおかしくない、こんな状況で三年目に突入し、すっかり気力がすり減っていた時期だ。

なんのために生きているのか考えると辛すぎて、家ではひたすら眠っていた。

八月下旬のその夜も、江戸川区のアパートに帰宅するや、ベッドの足元に倒れ込んだ。かろうじて靴下は脱いだが服は着たまま。手も顔も洗わず、ベッドに這いあがることすらできず、床にうつ伏せになった状態で、気絶するように眠ってしまった。

――涼しい風に頰を撫でられた。風は、土と緑の匂いがした。

いつの間にか仰向けになっており、ゴツゴツとした硬い感触が体の下から伝わってきた。目を開けたところ、樹々の梢《こずえ》に突き上げられたかのような高く遥かな夜空で、銀の星々が瞬いていた。

茉那さんは私に、このときのことを説明するのに苦心されていた。

「あそこで体を起こした瞬間の気持ちを、なんと言ったらいいかわかりません」

「さぞかし驚かれたでしょうね」

「驚いたなんて言葉では言い尽くせません。さっきアパートに帰ってきたばかりで、気がついたら、どこだかわからない屋外にいたんですから。目の間に、長い石段がありました」

――彼女は、途轍《とてつ》もなく長い石段の下に寝ていた。頭のすぐ上から階段が始まっていて、ゆるい傾斜で上りながら果てしなく奥まで段々が続いている。

そろそろと立ちあがり、状況を把握しようとした。

すぐに気づいたのは、足に何も履いていないことだった。裸足《はだし》で石畳を踏んでいた。

帰宅してすぐに靴下を脱いだ。どうやら、あのときの格好のままだ――薄地の長袖シャツ、Tシャツ、ジーンズ。あとは下着だけで、手ぶらだ。

携帯電話もないが、アパートのベッドの横に転がっているに違いなかった。眠ってしまう直前に携帯電話で時刻を見た――午後一一時ちょうどだった。

前後左右、誰もいない。虫の声と夜風に揺れる樹々のざわめきだけしか聞こえない。

石段の登り口付近に石標が建っていて、何か文字が刻みつけられていた。

――地名かもしれない。

そう思いついて、指で凹凸《でこぼこ》を確かめながら、文字を読んでみた。

――二の坂。

がっかりだ。これだけでは、どこかわからない。石段の周囲は森で、山奥であることは間違いがなさそうだった。

何が起きたのかわからなかったが、家に帰るにせよ上司に連絡するにせよ、とにかく人家を探さなければ始まらない。交番でもいい。寺でも神社でもなんでもいいから……。

「誰かいませんかあッ!」

大声で叫んだら木霊《こだま》が返ってきて、この山の深さを思い知らされた。

ふいに涙が溢れてきて、膝が震えてへたり込みそうになるところ、必死で階段に背を向けて石畳の通路を歩きだした。


――茉歩さんは家の灯りを求めて彷徨《さまよ》った。

「裸足だったので石畳をなるべく外れないように……途中に五重塔があったり、川があったり……そのうち、神社の境内なのだと悟って……鳥居を出たら、家が見つかりました」

それは木造の民家で、引き戸になった玄関のそばに常夜灯が点いていた。

戸に手を掛けると鍵が開いていた。ガラガラと引き開けて、大声で呼ばわった。

「すみませーん！」

「誰だ！」と、すぐに年輩の男の声が遠くで応えて、廊下の奥が明るくなった。足音がして、還暦ぐらいと思しき男女が出てきた。

「おめは誰だ？　なすて、こだな時間さ……」

「あれっ、女の子だわ！　裸足じゃないの。何があったが話しぇる？　おめ一人？」

「はい！　一人です。助けてください！」

「とりあえず戸を閉めで、ここさ座りなさい。足を洗ってあげましょうね。盥《たらい》とタオル取ってくるわ。あなた、話ば聞いでおいで」

二人は夫婦のようだとわかった。上がり框に腰かけて、男に訊ねた。

「ここはどこですか？　石段のところに《二の坂》と書かれた石標がありました」

「ここは山形県鶴岡市、出羽三山神社の門前です。二の坂は、羽黒山の石段の中途だ」

「山形県の羽黒山？　そんなことって……。今、何時ですか？」

「そごに時計があります。……午前二時だ。もうすぐ畑さ行ぐ時間だな」

下駄箱の上に古そうなアナログの置時計があり、確かに針は二時を指していた。

「……東京のアパートに午後一一時頃までいたと言ったら、信じてくれますか?」

男は驚愕した面持ちで、あんぐりと口を開けた。


結論から申せば、午後一一時から午前二時までの三時間で、江戸川区から山形県鶴岡市の出羽三山神社に行けるわけがない。

ルートの取り方によるが、距離にして約四三〇キロから約五〇〇キロ。

徒歩で約八九時間。車で約六時間。空路を利用した場合、東京・山形間は直行便で一時間五分だが、山形空港から出羽三山まで九〇キロもあり、やはり限りなく不可能に近い。

茉歩さんは、その家の夫婦に正直にすべてを話した。

「たぶん、私が嘘を吐《つ》いていないことがわかったのでしょう。この辺りには神隠し伝説があると話してくれました。羽黒山の神さまが、子どもをさらって他のところに置いていくのだと……。それから、私からお願いして、警察に通報してもらいました」

興味深いことには、パトカーで駆けつけた制服の警官二人も、件の夫婦と同じように、「羽黒山の神さまは、たまにこういう悪戯《いたずら》をするからなぁ」と言っていたそうだ。

茉歩さんは派出所に午前一〇時までいた。トイレと洗面所を使わせてもらい、突っかけサンダルと交通費を貸してもらって、自宅に帰った。

去年の九月頃、テレビの旅番組で羽黒山を紹介していた。茉歩さんは、その番組が好きで、ときどき観ていた。観はじめたら羽黒山が映ったので、嬉しくなったという。

あの夜は怖い思いをしたけれど、あれから一〇年以上が経ち、あらためて《二の坂》の石標や石段を目にすると、懐かしさが込みあげてきたとか……。

彼女はその後も倉庫の仕事をしばらく続けたが、無理せず休むようになり、そのうち転職の機会が巡ってきたのだった。羽黒山で経験したことが糧となったに違いなかった。

――あの夜、恐怖に克《か》って自力で家の明かりを探し、人の情けにも触れた。

番組を観ていたら、見覚えのある駐車場が映り、定時制高校のときの想い出も蘇ってきた。だが、親切なおばあさんに休ませてもらった店は無く、あったはずの場所は空き地になっていた。その後、先輩たちに当時のことを確認してみたところ、誰もおばあさんを憶えていなかった。そればかりか、彼女は車で待っていたはずだと口を揃えて言うのだった。

件のおばあさんは羽黒山の神さまだったのでは……と私は思うのだが、如何《いかが》だろう。

参考資料（敬称略／順不同）

『耳嚢　上・中・下』根岸鎮衛／長谷川強：校注（岩波書店）
『幽霊の歴史文化学』小山聡子・松本健太郎：編（思文閣出版）
『憑霊信仰論　妖怪研究の試み』小松和彦（ありな書房）
『定本柳田國男集 別巻第三』柳田國男（筑摩書房）
『禁忌習俗事典　タブーの民俗学手帳』柳田国男（河出書房新社）
『日本人の宗教（1）情念の世界』小松和彦　他／田丸徳善・村岡空・宮田登：編（佼成出版社）
『魔の系譜』谷川健一（講談社）
『イチから知りたい日本の神さま②　稲荷大神』中村陽：監修（戎光祥出版）
『古神道の本』（学習研究社）
『日本俗信辞典　動物編』鈴木棠三（ＫＡＤＯＫＡＷＡ）
『カラス学のすすめ』杉田昭栄（緑書房）
《怪異・妖怪伝承データベース》国際日本文化研究センター
https://www.nichibun.ac.jp/YoukaiDB3/
《おとら狐の話　飯綱の話》柳田國男（筑摩書房）
http://kiebine2007.amearare.com/yanagita31.htm

《2万体の頭蓋骨を祀る「シシ権現」！安全狩猟・豊猟を祈願する知られざる聖地を現地取材》小倉門司太郎（出典：トカナ／アーカイブ：エキサイト・ニュース）
https://www.excite.co.jp/news/article/Tocana_201710_post_14828/

《東北地方の厩猿信仰》中村民彦（牛の博物館）
https://www.city.oshu.iwate.jp/htm/ushi/07_tomo/mayazaru/02_nakamura.html

《【発見】名家に伝わる「守り神」、謎の骨はあの絶滅動物なのか？》江戸前ライダー（ミステリーニュースステーションＡＴＬＡＳ）https://mnsatlas.com/?p=69136

《厩猿信仰の歴史的変遷と祭祀形態の転換期における頭骨の意味》薮内紫音（京都先端科学大学人間文化学会　歴史民俗・日本語日本文化学科）
https://lab.kuas.ac.jp/~jinbungakkai/pdf/2012/h2012_02.pdf

《千代保稲荷神社》https://www.chiyohoinari.or.jp/index.html

《高尾山薬王院》https://www.takaosan.or.jp/

《飯綱権現》やおよろず　日本の神様辞典
https://yaoyoro.net/%E9%A3%AF%E7%B6%B1%E6%A8%A9%E7%8F%BE.html

《市指定文化財87百姓一揆の牧野村庄屋屋敷跡》上山市
http://www.city.kaminoyama.yamagata.jp/soshiki/25/km201301231.html

《東北地方の刑場・牢屋　山形県　上山藩》江戸時代の刑罰施設
https://www2.hp-ez.com/hp/bunsei/page4/75

《滝不動》塚本守（朱い塚）
https://scary.jp/spirit-spot/yamagata-takifudo/
《斎藤茂吉歌碑　経塚山》公益社団法人山形県観光物産協会（山形県公式観光サイト／やまがたへの旅）
https://yamagatakanko.com/attractions/detail_2131.html
《銚子漁港》中島悠子（みなと文化研究事業）
https://www.wave.or.jp/minatobunka/archives/report/025.pdf
《獅子島》長島町水産景観課／公益社団法人鹿児島県観光連盟（鹿児島県観光サイト／かごしまの旅）
https://www.kagoshima-kankou.com/feature/shimatabi/shishijima
《絶景の島》獅子島交通ネットワーク協議会（化石の島　獅子島）
https://www.town.nagashima.lg.jp/shishijima/superb/
《島津忠兼の長島攻略》長島町役場
https://www.town.nagashima.lg.jp/town/to0009/his0001/
《あんないるのに「カラス」の死骸を見ないワケ　日本人が意外と知らないカラスの生態》
中村陽子（東洋経済オンライン　２０１８年８月１２日付）
https://bit.ly/3c2UpYv

実話奇譚　邪眼

2022年9月5日　初版第1刷発行

著者……………………………………………………………………川奈まり子
企画・編集 ………………………………………………………Studio DARA
カバーデザイン ………………………………………荻窪裕司（design clopper）

発行人…………………………………………………………………後藤明信
発行所………………………………………………………………株式会社 竹書房
〒102-0075　東京都千代田区三番町８－１　三番町東急ビル６F
email：info@takeshobo.co.jp
http://www.takeshobo.co.jp
印刷所……………………………………………………………中央精版印刷株式会社